사라지는 것을
사랑하며

사라지는 것을 사랑하며

발행일	2025년 7월 2일		
지은이	심상훈		
펴낸이	손형국		
펴낸곳	(주)북랩		
편집인	선일영	편집	김현아, 배진용, 김다빈, 김부경
디자인	이현수, 김민하, 임진형, 안유경	제작	박기성, 구성우, 이창영, 배상진
마케팅	김회란, 박진관		
출판등록	2004. 12. 1(제2012-000051호)		
주소	서울특별시 금천구 가산디지털 1로 168, 우림라이온스밸리 B동 B111호, B113~115호		
홈페이지	www.book.co.kr		
전화번호	(02)2026-5777	팩스	(02)3159-9637
ISBN	979-11-7224-706-5 03810 (종이책)		979-11-7224-707-2 05810 (전자책)

잘못된 책은 구입한 곳에서 교환해드립니다.
이 책은 저작권법에 따라 보호받는 저작물이므로 무단 전재와 복제를 금합니다.
이 책은 (주)북랩이 보유한 리코 장비로 인쇄되었습니다.

(주)북랩 성공출판의 파트너

북랩 홈페이지와 패밀리 사이트에서 다양한 출판 솔루션을 만나 보세요!

홈페이지 book.co.kr · **블로그** blog.naver.com/essaybook · **출판문의** text@book.co.kr

---

작가 연락처 문의 ▶ ask.book.co.kr

작가 연락처는 개인정보이므로 북랩에서 알려드릴 수 없습니다.

심상훈
에세이

사라지는 것을
사랑하며

잃고, 사랑하고,
다시 살아낸 시간에 대하여

고통은 우리를 무너뜨리지 않는다.
사라짐마저 사랑할 때
인생은 다시 시작된다!

무너졌던 삶을 사랑으로 다시 일으킨
한 남자의 고요하고도 단단한 회복의 여정

 북랩

차례

1	7
2	51
3	73
4	85
5	125
6	151
7	165
8	233
9	253
10	275

1

공장을 마련하고 사업 기틀을 다지느라 공덕동 살던 집을 전세로 주고 용인으로 이사했다. 아마 한 4년 동안 거기서 살았나 보다. 이웃도 사귀고 막 정이 들어갈 무렵 우리는 다시 전에 살던 공덕동으로 이사를 왔다. 그리고 또 몇 년이 흘러 내 나이 팔십을 넘겨 버리고 말았다.

봄볕이 따사로운 주말 아내와 나는 베란다 문을 모두 열어놓고 구석구석 자리 잡고 있던 겨울을 몰아내느라 한바탕 난장을 치르고 나서 막 마무리를 짓고 있었다.

아내는 기력을 다한 듯 거실 바닥 매트 위에 기진하여 누워서 기어들어 가는 목소리로 걱정했다.

"아이들이 온다고 했는데."

아내는 무언가 아직 준비가 안 된 듯 연상 부엌 쪽으로 시선을 보냈다.

그렇게 힘들게 오랜 세월을 살아왔는데, 그래서 이제 겨우 웬만한 일 대충 끝내고 좀 여유로워졌는가 했는데. 아내가 여기저기 많이 아프다. 그래도 아내는 초라한 모습을 보이지 않으려고 참 많이 애를 쓴다.

"됐어. 이제 그만해요."
이제 세월이 흘러 많이 안정됐을 것도 같은데 그래도 아내는 그동안 쫓기면서 살아왔던 삶의 찌꺼기들 속에서 헤어 날 수가 없는가 보다. 아내는 지금도 늘 그렇게 매사에 마음을 놓지 못한다. 한차례 소나기라도 지나갈 듯 하늘이 잔뜩 진한 회색빛 구름을 머금고 기회를 보고 있었다.
고즈넉한 주말의 오후다.
삶의 오묘(奧妙)함이란 참으로 예측할 수 없는 것이다.

「밤늦은 시간 한 사십 대 남자가 인적도 없는 진주 촉석루 근처 한적한 거리를 고개 숙인 채 걷고 있었다. 잠시 후 그는 곧 고개를 들고 하늘을 쳐다보며 소리를 질렀다.
"야~ 이 ㅇ사식아."
그는 어깨를 들썩이며 흐느꼈다. 한참을 그렇게 흐느끼며 걷던 그는 길모퉁이 화단 곁에 걸터앉아 한참을 침묵하더니 기어들어 가는듯한 소리로 중얼거렸다.
"하느님도 아시다시피 아까 제가 한 욕은 특정하게 하느님을 두고 한 욕은 아니었습니다요. 하도 고통스러워서 그냥 질러본

객기였습니다요. 아빠가 그리워서 흐느끼는 자식들과 신세를 한탄하며 눈물짓는 집사람을 생각하면 너무 힘들고 고통스러워서 요즈음 가끔 하늘을 향해 그렇게 소리를 질러대고는 합니다요.

그런데 왜 당신께서는 우리에게 이런 모자람과 어리석음을 주시고, 그래서 저지르는 잘못과 그로 인한 고통으로 괴로워하는 저희에게, 거기 앉아 내려다보시면서 한심한 녀석이라느니, 참 딱한 녀석이라느니, 그놈 벌을 좀 주어야겠다, 느니 하시면서 저희를 이렇게 힘들게 하시는 겁니까요.……. 제가 생겨 먹기가 이렇게 생겨 먹었고 제 능력이 여기까지인 것을 저더러 어쩌라는 말입니까. 저도 제가 너무 밉고 한심해서 그냥 미쳐 버리고 싶단 말입니다요.

하지만 하느님, 이렇게 하느님께 투정 아닌 투정을 하면서도 저는 당신을 믿습니다. 당신께서 저희에게 이러한 불완전함을 주시고 고통 속에 허덕이게 하시면서도 또한 그것을 극복할 수 있는 지혜와 용기도 함께 주셨다는 것을 말입니다."

그리고 그는 다시 일어나 큰길을 따라 개천을 가로지르는 다리를 건너 뿌연 어둠 속 저만치 창문 밖으로 희미한 불빛이 새어 나오는 이모네 집을 향해서 힘없이 걷고 있었다.

십일월의 막바지, 두꺼운 코트를 걸치고 옷깃을 여미어도 을씨년스럽게 옷속을 파고드는 추위는 그를 몹시 괴롭히고 있었다. 가뜩이나 서러운 마음에 그날따라 차가운 밤바람이 살(殺)같이 지나갔다.」

정말 말할 수 없을 만큼 힘들고 지난(至難)했던 몇 년의 세월이었다.

내가 대학을 졸업하고 막 사회생활을 시작한 것은 어느 외국인이 경영하고 있는 중소 반도체 회사였다.

그때는 지금 생각하면 같지도 않은 기초 반도체를 만드는 기업들이 미국을 비롯한 선진국들로부터 우리나라의 낮은 인건비와 한국인들의 교육수준 그리고 탁월한 손재주의 매력에 끌려 여러 업체가 막 쏟아져 들어올 때였었다. 신문 구인 광고를 보고 달려간 곳에는 식당을 가득 채울 정도로 많은 입사 지원자로 꽉 차 있었다. 두 명을 뽑는 치열한 경쟁 속에 이리저리 쓸려 다니다 보니 어떻게 해서 그렇게 됐는지는 모르겠지만 여하튼 나는 몇백 명의 경쟁자를 제치고 합격했다. 입사하고 조금 있다가 염치없이 며칠 휴가를 얻어 때를 기다리고 있던 여자 친구와 정신없이 결혼식을 해치우고 우리는 부평 외진 마을 한구석에 단칸방을 얻어 그렇게 신혼생활을 시작했다.

회사생활은 마음에 맞는 다섯 친구가 어울려 회사가 끝나면 모여서 술도 한 잔씩 하면서 재미있게 지냈다. 그중에 지금 미국에 살고 있는 홍성국이와 가까이 이태원에 살고 있는 이성호는 반백 년이 지난 지금도 절친으로 지낸다. 정말 좋은 친구들이다.

그런 내가 범사(凡事)에서 일탈(逸脫)해 사업이라는 것을 시작하게 된 것은 내 삶이 대부분 그랬듯이 나의 의지와는 좀 무관하게 무엇인가에 떠밀려서이기도 했고 또 그날이 그날 같은 직장 생활이 서서히 지루해지기 시작하기도 할 때였다.

　어렵사리 입사한 회사생활 몇 년이 지난 어느 내 생일날에 둘째 처남이 찾아왔다.
　"야! 우리 같이 사업 한번 제대로 해 보자."
　"……."
　"넌 대학을 나와서 외국인 회사에 몇 년 다녔으니까 내가 필요한 것을 외국서 들여만 와! 파는 건 내가 책임질게."
　때는 마침 몇몇 무역회사가 박정희 대통령의 산업화 정책과 맞물려 일취월장(日就月將) 하루가 다르게 성장들을 하고 있을 때였다.

　나는 그를 믿기로 했다. 그리고 몇 년 동안 잘 다니던 회사에 사직서를 내고 청계천 작은처남이 경영하고 있는 작은 상점으로 출근을 했다. 그리고 여기저기 자문해가면서 처남이 필요로 하는 물건들을 수입하기 시작했다.
　컨테이너로 물건이 들어오고 처남은 열심히 팔고 그렇게 하다 보니까 돈이라는 게 생각 밖으로 들어오기 시작했다. 그렇게 한 이삼 년이 지났지만 들어오는 돈은 모두 그들의 수중으로 들어가고 나는 그냥 청계천 조그만 상점의 총무 이외에 아무것도 아니었다. 그냥 모는 재부를 담당하고 있는 여사부원이 수는 월급을 받으면서 그렇게 세월이 갔다.

'이러려고 회사를 그만두고 여기까지 온 것은 아닌데!'

고민하던 끝에 결국 나는 그들과 결별하고 나름대로 사업이라는 것을 시작하기로 했다.

그렇게 해서 시작한 사업은 다행히 나름대로 승승장구하며 탄탄 가도를 갔었다. 한때는 서소문 빌딩 13층에 무역회사를 차려 놓고 미국으로부터 윤활유 주입기를 수입하여 청계천 상가를 상대로 해서 제법 돈을 좀 벌기도 했었다. 하지만 세월이 많이 지난 지금에 생각하면 그게 그렇게 대단한 일도 아니었건만 나는 창밖 아래를 바쁘게 오가는 사람들을 내려다보면서 '이렇게 돈 벌기가 쉬운데 왜 저렇게 쩔쩔매고 다니지?' 하며 객기를 부리기도 했었으니 세상을 몰라도 너무 모르던 철없던 시절의 훗날 지옥 같은 세월을 맛볼 수밖에 없었던 예고편이 아니었나 싶다. 어떻든 그 당시 나의 사업은 그런대로 잘돼 가는 듯했다.

그때 나는 부친을 사무실에 모시고 같이 세월을 보내고 있었다. 점심 식사도 같이 하고 때로는 저녁에 퇴근하면서 가끔 술도 같이 하고는 했었는데, 그 시절 외식 집에는 술 시중을 드는 여종업원들도 있어 때로는 막냇동생 역할을 해야만 할 때도 있었다. 당시 그분에게 숨겨 놓았던 여인네로 인한 복잡한 문제만 없었다면, 아니 내가 조금만 철이 들어있기만 했었어도 그래서 의연하게 모든 것을 보듬어 안을 수만 있었어도 우리는 아마도 잠시나마 행복한 세월을 보낼 수도 있었지 않았을까.

내 부친은 키가 훤칠하고 술과 풍류를 좋아하는 우리 가풍의 전형적인, 흔한 요즈음 말로 DNA를 제대로 타고나신 분이었다. 술과 풍류를 좋아하고 감성도 풍부한 멋진 분이셨다.

인천에서 염전과 정미소를 가지고 제법 행세깨나 하는 부유한 가정의 세 아들 중에 둘째 아들을 부친으로 하고 구한말 양반 가문에서 법도 있게 자란 전형적인 조선 시대 여인을 모친으로 해서 더 할 수 없이 좋은 환경에 태어났지만 우유부단하고 술과 여인을 좋아했던 선친(先親), 그러니까 내 조부님 덕분에 그 조부님의 뒤를 따라 들어온 어느 화류계 여인에게 내실을 고스란히 물려주고 홀로 될 수밖에 없었던 어머니(나의 할머니)를 모시고 부친께서는 외롭고 고달픈 젊은 날을 보내야만 했었다.

나는 한국전쟁이 끝나고 부친을 따라 정착했던 대구 피난민촌에서 꼭 한 번 조부님을 뵈었던 적이 있었다. 그때 그분은 건강이 많이 안 좋은 듯 보였고 할머니께서는 그런 조부님을 극진히 보살피셨다. 그리고 다시 그 여인네에게로 돌아가신 얼마 후 접한 조부님의 부음(訃音), 애써 담담한 표정으로 상청을 차리시던 할머니, 그리고 얼마 후 초등학교 4학년이 되었을 때 전쟁으로 폐허가 되어버린 서울로의 이사, 변두리에 타다가 만 초라하기 그지없었던 작은 집.

할머니를 비롯한 우리 일곱 식구는 그 불타다 남은 작고 초라하기 그지없는 집을 솜씨 좋은 모친과 함께 닦고 칠하고 하면서 겨우 집 같은 형태를 갖춘 후 방 두 개를 가지고 다시 서울 생활을 시작했다. 조금 비탈길을 올라가면 원효로 전차종점이 있었고 거기서 나는 전차를 타고 중학교 그리고 고등학교 일 학년까지 다녔었다.

집 옆 가파른 언덕 밑으로는 저 남산에서 시작해서 후암동을 거처 미군 부대를 지나온 구정물들과 만리동 꼭대기에서 흘러내려 서부역을 거처 신광여고 앞을 지나 삼각지 근방에서 합류된 생활하수들이 시궁창 냄새를 풍기면서 흐르고 있었다. 여름철 장마가 지면 용산 미군 부대를 지나 흘러내리는 장맛비에는 미군들이 소프트 테니스를 치다가 잃어버린 소프트 테니스공들을 비롯해서 제법 쓸 만한 물건들이 쓸려 내려오곤 했고 우리는 그 시궁창 물을 헤엄치며 그것들을 건져다가 가지고 놀기도 했다.

지금은 모두가 복개되어 흔적도 없이 사라지고 없지만. 하기야 그 시절 육이오 사변이 끝나고 난을 피해서 서울을 떠났다가 폐허가 되어버린 서울로 다시 돌아온 피난민들의 삶이라는 게 대부분이 그럴 수밖에 없었다.

미닫이문도 없는 썰렁한 마루 한구석에 차려져 있던 상청(喪廳) 그리고 가끔 술이 일근해서 들이오셔서 제사상 앞에 엎드려 흐느끼시던 내 아버지.

'그 몸부림은 조부에 대한 원망이었을까 아니면 그래도 한 자락 남은 그리움이었을까.'

그런 것들이 내 어린 시절 할아버지와 관계되는 기억의 전부일 뿐 그 이외 친지 분들을 통해서 들은 이야기를 제외하고는 특별히 조부님에 대한 기억이 없다.

아무튼, 우리는 서울로 이사를 온 후에도 한동안 끼니때마다 초라하고 썰렁한 마루 한구석에 차려놓은 상청에다 꼬박 정성스레 그 시절 흔치 않던 흰 쌀밥으로 지은 상식을 삼 년 탈상(脫喪)할 때까지 올렸었다.

그 당시 내 부친은 원효로와 마포 사이 한강 변에 조그마한 공장을 하나 빌려서 지퍼를 만들어 남대문 시장에 있는 가방 공장에 내다 팔곤 하셨다. 학교가 끝나면 나는 가끔 공장으로 달려가 조그만 기계에서 쏟아져 나오는 지퍼를 신기한 마음으로 구경도 하고 학교에 가면 친구들에게 자랑하기도 했다.

"야, 울 아부지는 우리나라에서는 맨 처음으로 작꾸 기계를 만든 사람이다."

"그러면 너네 아버지가 박사냐?"

"….

그래 울 아버지는 박사다. 너희들이 몰라서 그렇지, 알 만한 사람은 다 안다."

그때 어린 시절 우리는 무언가 발명한다 하면 무조건 박사인 줄만 알았었다. 하지만 나는 누가 내 아버지를 박사라 부르는 소리는 들어 본 적은 없었다. 어떻든 그래도 그 시절 아버지는 내 우상이었다.

거기서 나는 초등학교, 중학교를 마치고, 고등학교 1학년 중간

쯤까지 살았다. 중학교 그리고 고등학교 1학년 초까지 살았던 그 곳을 떠나 이사를 할 때까지 학교가 끝나면 집에 돌아와 어머니를 도와 이 일 저 일 거들다가 어스름 어둠이 내리깔리면 나는 영락없이 전차 종점(電車 終點)으로 가서 일과가 끝난 차장들이 거두어들인 전차표를 찢어 모아 불태우던 곳으로 갔다. 그때 나는 용케도 불태우기 직전 시간을 맞추어 미처 찢기지 않은 전차표를 몇 장씩 눈치껏 골라 재빠르게 뚝방 밑으로 미끄러지듯 내려와 집으로 돌아오고는 했다.

그리고 그것으로 학교에 다니고, 어머니에게서 받은 차비는 모아서 쓰고, 남은 용돈을 합쳐 친구들과 빵집을 갔었다. 늘 신세만 지던 친구들에게 대한 보답을 나는 그렇게 하면서 학교에 다녔다.

그 후 고등학교 일 학년이 되어서 얼마 있다가 그동안 살던 집이 도시계획으로 헐리면서 우리는 용산 우체국(郵遞局) 근처 적산가옥 한 채를 사서 이사했다. 원효로 전차종점 밑 개천가의 집에 비하면 그런대로 제법 집다운 집이었다.

삼각시 쪽으로는 커다란 미군 부대들이 있었고 밤이면 휘황찬란한 불빛 아래 미군들과 양공주들이 뒤엉켜 선정적인 분위기를 연출하고 길 건너 용산역 쪽에는 질 낮은 양아치들이 판을 치고 다니는 환락가(歡樂街)로 둘러싸인 가운데 마치 섬처럼 평범한 사람들이 모여 사는 조그만 주택가였다. 결국은 훗날 부친의 사업 실패로 많은 추억만 담긴 채 버려진 집이 되어버렸지만.

그렇게 이사한 후 자리가 잡히고 우연한 기회에 호기심 반으로 용산역 쪽을 기웃거린 적이 있었다. 그러다 몇 녀석과 구면(舊面)이 되었고 길 건너 그쪽으로 건너가는 횟수가 조금씩 늘어가게 되었다. 그러다 보니 때로는 그들과 어울려 술 담배도 조금씩 하게 되었다. 원래 체질에 맞지 않아서 지금까지도 담배는 하지 않지만 어쨌든 그때는 그랬다.

그때 그곳에는 바로 용산역 앞 삼거리 근처에 자리를 잡고 있던 열대여섯 살 남짓 아이들이 주인 행세를 하고 있었다. 그들 중에 나이가 제일 많은 한두 명은 가끔 젊은 청년 두세 명이 지나가면 "안녕하십니까? 형님." 하고 못자리에 모 심듯 머리가 땅에 닿을 정도로 인사들을 했고 그러면 그 청년들은 "그래 별일 없었냐?" 하면서 머리를 쓰다듬어 주기도 하고 때로는 장난삼아 쥐어박기도 했다.

좌우 조금 떨어진 곳에는 치기도 하고 여인숙에 손님을 안내하기도 하는 조금 어린 아이들이 있어 힘에 부치는 일이 생기면 와서 도움을 청했다. 그러면 두세 명이 가서 적당히 위협을 가해서 해결을 해 주고 근처 포장집 그리고 주점에서 일어나는 잡다한 일들을 거들어 주기도 하면서 도움도 좀 받고 그러면서 지냈다.

학교에서 돌아오면 가방을 팽개치고 길을 건너가서 그들과 어울려 놀았고 그렇게 해서 나도 모르게 그들의 집단 속으로 조금씩 빠져들어 갔다. 허지만 이웃 패거리들과 싸움이 벌어질 때면 그들은 영락없이 나를 찾았다. 그러고는 그들과 어울려 작전을 짜고 나는 슬그머니 꽁무니를 빼고는 했다.

"야! 이제 됐다. 상훈이 너는 빠져라! 붙으면 넌 도움이 안 돼!"
겁 많고 운동신경이 별로 재빠르지 못한 내가 끼어 보았자 방해만 된다는 걸 잘 아는 춘삼이가 늘 나를 그렇게 배려해주었다.

학교 성적이 좋을 리가 없었다.

그러던 어느 날, 그날도 학교에 다녀오자마자 저녁을 먹는 듯 마는 듯하고 용산 역전으로 가기 위해 막 길을 건너려고 할 무렵이었다. 집 앞에 서 있어서 평상시에도 자주 보던 빨간색 일본제 승용차 문이 열리면서 한 신사가 내렸다. 그는 가끔 길에서 노인분들을 보면 깍듯이 인사를 하면서 안부를 묻고는 하던 사람이었다. 조금은 왜소하고 다정스러워 보이지만 어쩌다 눈을 마주칠 때면 섬뜩하기도 했던, 그리고 한 손에는 항상 무언가를 감싼 듯한 신문지를 돌돌 말아 들고 다니는 삼십 대 후반 혹은 사십 대 초반으로 보이는 사람이었다. 그가 나를 불렀다.
"애, 너 나 좀 보자."
그는 나를 데리고 조금 외진 골목 안으로 들어갔었다.
"네가 가끔 나를 본 적이 있겠지만 나는 너하고 한동네에 살고 있어."
"…"
"너 지금 어디 가니?"
"친구들 만나러 가는데요."
"어떤 친구?"

"…."

"내가 지금부터 하는 애기를 잘 들어야 한다. 나는 네가 요즈음 누구를 만나서 무엇을 하며 노는지 잘 알고 있어. 그런데 내가 보기에 너는 그런 아이들과 같이 어울리면 안 되는 아이야. 너같이 좋은 학교에 다니는 학생은 해야 할 일이 따로 있어, 절대 그런 아이들과 어울려서는 안 돼. 내가 너에게 말하는데 다시 한번 네가 저 길을 건너가서 그 아이들과 어울리면 너를 반쯤은 죽일 수도 있다. 나는 그런 사람이야. 다시는 특별한 이유 없이 저 큰길을 건너지 마라."

그리고 그는 잠시 나를 바라보더니 아무 일도 없었던 듯 무심히 골목길을 빠져나갔었다. 그리고 잠시 후 자동차 시동 거는 소리가 들리면서 서서히 멀어져 갔다.

나중에 풍문으로 들어서 알게 되었지만, 그는 그쪽에서 제법 알아주는 오야붕 정도 되는 사람이었다고 했다.

그 일이 있는 다음 나는 다시는 그 큰길을 건너지 않았다.

어쩌다가 길을 가다 그들과 마주치면 그들은 나를 슬그머니 피해주고는 했다. 아마 그분이 손을 써둔 듯 했다.

그때 그분을 만나서 그의 충고를 듣지 않았다면 아마 내 삶은 지금과는 다른 엉뚱한 방향으로 흘러가 있을지도 모를 일이다.

삶은 자기 할 나름이라고도 하고, 노력하기에 따라 다스릴 수도 있다고도 한다. 하지만 근간(根幹)은 무언가가 우리의 능력 밖에서 우리를 끝없이 조종하고 움직이는 듯하다. 그걸 운명이라고 하는 것 같다. 바로 우리로서는 스스로도 어쩔 수 없는 그래서 겪지 않고는 헤어날 수 없는 그런 것들 말이다.

  그 후 부친은 60년대 박정희 대통령 시절 새마을운동을 비롯한 건설 경기가 서서히 고개를 들던 무렵 전기공사를 하는 사업체를 운영하면서 그 당시 어디 어디 하면 대부분이 알 만한 큰 빌딩의 전기공사를 도맡아놓고 하다시피 하셨다.
  나는 꼭 한번 (아마 동대문야구장에서 전국고교 야구시합이 있던 날 응원 행사에 참여하기 위해서 부친께서 운영하는 을지로 4가까지 태워다주실 때였을 게다.) 부친과 함께 승용차를 타고 간 적이 있었다. 당시 서울역 앞을 지나며 부친은 말씀하셨다.
"저기 저 땅이 우리 땅이다."
"……."
"지금 아버지가 운영하고 있는 회사도 우리 땅이야."
  재벌은 아니었어도 그런대로 재산이 좀 있는 부류에 속해 있었다.

  그러다가 공사의 모체가 되는 주 건설회사가 쓰러지면서 아버님 역시 연쇄 부도를 내고 그동안 모아놓은 재산을 모두 날려 버린 후 집에서 칩거(蟄居)하셨다.
  당신의 숨겨 놓았던 여인과 그 여인의 사이에서 태어난 자식 그리고 이어서 닥쳐왔던 사업의 몰락, 그리고 그로 인해 그들에게 아무것도 해줄 수가 없었던 자신에 대한 자괴감(自愧感), 질투와 심한 배신감으로 만신창이가 되어버린 내 어머니로부터 받아야 했던 박대, 너무나도 초라할 수밖에 없었던 힘들고 고달팠던 내 아버지의 마지막 모습은, 늘상 하시던 "용의 꼬리가 되기보다는 닭대가리가 돼라."라는 말씀과 함께 가슴에 남아 생전에 부친을 지나치게 등한시하고 심지어는 자기중심적 사고로 투정까지 했던 불효와 더불어 훗날까지 두고두고 때로는 나를 통곡까지 하게 만들었다.

내 어렴풋한 기억에 부친께서 한참 사업적 꿈을 키워가시던 그 시절은 정치적 사회적 질서가 앞이 보이지 않을 정도로 암울했었다. 사업을 하는 사람들은 밤을 새워가면서 이해 당사자들과 술도 마시고 뒷돈도 오가야 일감을 챙길 수 있었고 술을 못 하는 사람들은 세칭 술 상무라는 것을 만들어 그를 동반해서 교제해야만 했던 그런 시절이었다.

그것은 아마 내가 젊었을 때까지 차이는 있었겠지만 계속해서 이어져 오지 않았던가 싶다. 하기야 많이 맑아지기는 했지만 지금도 아직도 일부에서는 그런 것들이 관례처럼 이어져 오고 있기는 하다.

득히나 건설업에 종사하는 사람들에게는 그 행태가 몹시 심했다. 내 아버지께서는 그런 아사리판 같은 환경 속에서 사업적 꿈을 키우면서 살아오셨다. 그렇게 허구한 날 많은 사업적 이해관계가 오고 가는 가운데 밤을 하얗게 지새우면서 술판을 벌이고 살아가야 한다면 그 언저리에 어찌 색(色)이라는 것이 따르지 않을 수가 있있겠는가.

어떻든 우리의 삶은 그렇게 시대가 바뀌어 감에 따라 일상적(日

常的)이었던 것이 비상식적인 것이 되기도 하고 그래서 때로는 심한 갈등 속에 힘들어하기도 하면서 지탄의 대상이 되기도 한다.

　내 아버지는 아마 인간이 한 시대가 바뀌면서 변화되는 가치관(價値觀) 속에서 어쩔 수 없이 겪어야 했던 시대적(時代的) 아픔을 극렬하게 겪으면서 한평생을 질곡 속에 살아갈 수밖에 없었던 그 시대의 많은 사람 중의 한 사람이었는지도 모른다.

　더불어 부처도 돌아앉는다는 투기에 자신의 모든 것을 다 불살라 버린 내 어머니. 백 세의 고령에 희미하게 사라져가는 기억들을 애써 떠올리면서 지금 어떤 생각을 하고 계실까. 마침 내 셋째 아우의 친구가 경영하고 있는 한 요양원 특실에서 환갑(還甲)을 넘기지도 못한 오십 구세의 나이에 이일 저 일로 차마 감을 수 없었던 눈을 애써 감아버린 내 아버지를 떠올렸을 때, 아직 원망일까. 아니면 그래도 한 자락 연민일까.

　아무튼 방 세 개짜리 그런대로 처음 집 같은 집을 장만하고 우리는 거기서 내가 대학을 졸업하고 결혼해서 첫 아이를 낳아 돌이 지날 때까지 살았으니 십몇 년을 살았던 것 같다.

　그러다 부친의 사업 실패로 집이 경매로 넘어가고 서울역 뒤 비탈길 골목 안에 모양만 겨우 갖춘 집으로 우리 네 식구를 비롯해서 할머니 동생 넷 부친, 모친 이렇게 열한 식구가 이사했었.

　그러다가 회사 가까운 인천으로 분가를 했고, 그리고 위에서 언급한 바와 같이 우연치 않게 처남을 따라 서울로 오게 되면서 뜻하지 않게 청계천 가게 점원 노릇을 하게 되었다. 그리고 사업의 길로 들어섰었다.

그러던 어느 날 부친께서 친구 분과 심심풀이로 대만에서 건강식품 클로렐라를 들여와 장사를 해보시겠다며 대만과 일본을 거치는 여행길에 올랐다. 그리고 며칠 후 박정희 대통령이 저격당하여 사망하고 하면서 한참 시국이 어수선하던 차에 아버지는 같이 떠났던 친구 분과 함께 예정보다 며칠을 앞당겨 귀국했다.
"아니, 아직 며칠 남았는데 왜 벌써 오셨어요?"
"일본에서 아버님 몸이 아주 편치 않으셨어. 그래서 일찍 왔지."
부친과 동행했던 친구 분이 옆에서 거들었다.
"지금 당장 요 옆의 한일병원에 가 보세요."
그렇게 해서 부친은 병원에 가서 진찰을 받고 다음 날 위 사진을 찍었다. 그리고 결과를 보는 날은 아무래도 마음이 놓이지 않아 내가 먼저 병원엘 가서 의사를 만났다. 의사는 마침 나를 기다리고 있었다.
"암인 것 같습니다. 좀 큰 병원으로 가셔서 정밀검사를 받아 보시지요."
"상태가 어떻습니까?"
"많이 전이(轉移)되신 것 같습니다."
나는 정신이 아득했다. 그리고 잠시 후 정신을 가다듬을 틈도 없이 아버지께서 병원에를 도착했다.
"아버지, 약주를 너무 많이 하셔서 위가 많이 헐었대요. 아마 수술을 해야 할지도 모른대요."

그리고 나는 난생처음 아버지를 옆에서 끌어안으며 병원 문을 나섰다.

회색빛 하늘, 앞을 가로막고 서 있는 답답한 빌딩 숲, 아무 표정 없이 지나가는 모르는 사람들, 흘러가는 세월 속에 왜소하게 변해버린 아버지의 초라한 어깨.

'아! 아버지! 어떻게 해요?'

나는 흘러내릴 것 같은 눈물을 주체하느라 그냥 하늘만 바라볼 수밖에 없었다. 모든 것이 그냥 답답하고 우울하기만 했었다.

"세상이 어째 이러냐."

며칠 전 박정희 대통령 저격 사건으로 사회가 온통 뒤숭숭한 가운데 매스컴들은 온통 거기에다 초점을 맞추고 있었다.

그렇게 기라성 같았던 많은 사람도 결국은 몇십 년의 권세를 누리지 못하고 별수 없이 다 그렇게 가버리지 않았는가. 이병철 회장이 그랬고 정주영 씨 또한 그 많은 것을 다 놓아둔 채로 공수래공수거(空手來空手去) 빈손으로 황천길을 가고 말았다.

하지만 그래도 우리는 끝도 없이 갖고 싶고 또 갖고 싶은 걸 어찌겠는가. 한심하고 어리석은 미물(微物)이다.

우리는 누구나 이 세상에 와서 잠깐 일어나는 바람처럼 순간을 살다가 모두가 그렇게 빈손으로 가버린다. 억겁의 시공 속에 우리의 삶이 순간일진대, 진정 순(順)하게 살다가 순하게 갈 일이다.

원효로 전차종점 옆을 흐르고 있던 개천 건너에서는 아침마다 수많은 사람이 한 손에는 깡통을 그리고 다른 한 손에는 미군용 스푼을 들고 떼를 지어 시내로 몰려 들어가 구걸을 해야 했던 시절이 있었다.

"얼-씨구씨구 들어간다아 저얼씨구시구 들어간다. 작년에 왔던 각설이가 죽지도 않고 또 왔네…." 하는 소리가 아침 동이 트면서 이곳저곳에서 들려왔다. 그렇게 집 앞을 시끄럽게 하면 할머니 어머니께서는 전날 먹다 남은 밥과 나물들을 그들이 들고 온 깡통에 한 그릇 부어주고는 하였었다. 패를 지어 다니며 동냥을 하던 사람들의 모습이었다. 어쩌다 인기척에 문을 열면 어이없이 부모를 잃은 어린아이가 동생을 등에 업은 채 밤새도록 울어 지친 모습으로 찌그러진 그릇 하나를 들고 쓰러질 듯이 서 있기도 하였다. 할머니 어머니께서는 역시 모른 체하지 않으셨다.

대부분의 사람이 보리밥이라도 한번 실컷 먹어봤으면 하는 작은 소원을 가졌던 그런 시절이 우리에게 있었다는 것을 지금 젊은이들은 말로 들어 알고 있겠지만, 절감(切感)하기에는 아마 힘이 부칠 게다. 많은 아이들이 횟배를 앓고, 빡빡 깎은 머리에는 피부병이 생겨 이름도 분명치 않은 하얀 연고를 바르고, 연신 흐르는 코를 옷소매로 닦아대던 시절이 우리에게 있었다. 그래도 나는 작게나마 늘 사업을 하시는 부친을 둔 덕분에 크게 배고파 서러운 적은 없었지만 하얀 쌀밥을 실컷 먹어 보는 것이 많은 사람의 소망이었다. 정월 명절이 되면 지난겨울 내내 쌓였던 찌꺼기들을 벗겨내기 위해 공중목욕탕엘 가서 샤워도 하지 않은 채 욕조에 들어가 한동안 불려야 했다. 그렇게 해서 모처럼 뽀얘진 모습으로 집에 돌아오면 어머니께서 한동안을 절약하고 절약해서 큰마음 먹고 장만해준 코르덴 옷을 입고 얼룩진 거울을 보고 또 보곤 하던 그런 시절이 우리에게 있었다. 그래서 아이들은 명절이 오기를 학수고대하며 기다리고 또 기다렸다.

나는 그런 환경 속에서 또래의 아이들과 어울러 어스름 달빛 아래 구슬치기도 하고 자치기도 하고 용산 미군 부대에서 흘러나온 잡지책을 뜯어서 딱지를 만들어 치기도 하면서 어린 시절을 보냈다.

물론 박정희 대통령이 그런 모든 것을 요술쟁이처럼 다 몰아내고 삶의 수준을 지금과 같은 풍요로움 속으로 끌어 올렸다는 것은 아니다. 그래도 자초지종(自初至終)이야 어떻게 됐든 간에 한 시대의 지도자가 되어서 빈곤의 시대를 뒤로하고 그 후 많은 세월이 흘러서 과거 민주화 운동권 대열에 함께했다는 이들조차도 인정할 만큼 지금의 풍요로움에 초석을 만들었다는 것은 대단한 일이 아닌가.

그랬던 그가, 아직은 한참을 무소불위의 권력 속에 머물러 있을 섯난 같있던 박정희 대통령이 가장 믿고 의지하던 차지철이와 함께 역시 신임의 서열에서 선두를 다투던 중앙정보부장 김재규가 쏜 총탄으로 결국 저승길에 올랐다. 하지만 사람이 태어나서 한세상을 살다가 어차피 가야 하는 거, 그만하면 그 양반 경황에 정신없이 갔지만, 구천(九泉)을 떠돌지 않고 미련 없이 천국 문을 두드렸으리라.

허무하고, 허무하고 또 허무하다. 그런데 무슨 욕심들이 그렇게 많은지 우리 모두가 분수없이 손에 쥐고 놓지를 못한다.

나는 병원 문을 나와 친구에게 전화했다.
"야! 성국아! 우리 아버지가 암이래. 어쩌면 좋냐."
"내가 얘기해 놓을 테니까 일단 경희대 병원으로 가서 내 처남을 한번 만나 봐."
그래서 다음날 친구 처남이 근무하는 병원에 찾아갔다. 친구 처남은 아버지를 진찰대에 눕혀 놓고 여기저기를 만져 보더니 "특별히 집히는 곳은 없습니다. 우선 입원을 하시고 검사를 한번 받아 보시지요." 하였다. 우선 부친을 안심시킨 후에 아버지를 입원을 시키고 몇 가지 검사를 받았지만, 결과는 비관적이었다.
다음날 수소문 끝에 친인척 중에 서울대 병원 원장 하시는 분이 있어 오촌 당숙님과 의논 끝에 나는 아버지를 그리로 모셨다.
병원장으로부터 담당 의사를 소개받고 몇 가지 검사를 한 후에 수술 날짜가 잡혔다. 그러고 나서 어머니께서는 어딘가로 전화를 하셨다.
얼마 후 모친의 연락을 받고 달려온 또 다른 부친의 여인 그리고 대여섯 살쯤 먹어 보이는 여자아이가 왔다. 언젠가 내가 군에서 휴가를 나왔을 때였을 게다. 부친의 외도로 집안은 아수라장이 되었었다. 그때 충격으로 넋이 나간 듯한 모친의 부탁으로 나는 그들의 집을 한번 찾은 적이 있었다.
그 여인은 나를 금방 알아보고 그 아이를 나에게 소개했다.

"큰오빠다. 인사드려라."

소개를 받고 나는 그 아이 앞에 쭈그리고 앉았었다. 그리고 처음으로 그 아이를 안았다. 그리고 말했다.

"혹 기회가 되면 다음에 꼭 나를 한번 찾아다오."

결국은 그것이 그 아이와 나의 처음이자 마지막 만남이 되어버렸지만, 그와 나는 진정 그렇게 헤어져서는 안 될 사이었다. 왜냐하면, 그와 나는 한 핏줄이었으니까. 그 이외에 우리를 가로막고 있는 모든 것은 우리 탓이 아니었으니까. 우리는 그냥 남매일 뿐이었으니까. 지금 생각하면 참으로 안타깝고 애처롭고 고약스러운 일이었다.

'글쎄, 내가 이제 이승에서 너를 보기는 힘들 듯하구나. 어디 어느 하늘 아래에서 무엇을 하며 어떻게 살아가고 있을지는 모르겠지만, 부디 네가 행복했으면 좋겠다. 너와 나의 인연이 여기까지인 것을 어떻게 하겠니.'

그렇게 해서 한동안 그늘에서 숨을 죽이며 살아야 했던 어찌 보면 애처롭기도 한 한 여인이 수술 날짜를 잡고 나서 병상에 누워 계시는 부친과 마지막 작별을 하고 떠나갔다.

'아! 이건 아니다. 전후 사정이야 어떻든 간에 내 모친에게도, 그냥 병상에 누워 아련히 바라보기만 할 수밖에 없었던 내 아버지에게도, 소리 내어 울지도 못하고 사색이 되어버린 채 망연자실 아이의 손목만을 움켜쥐고 그냥 부친의 얼굴만 바라보며 잠시 머물다가 입원실 문을 나와 쓰러질 듯 비틀거리며 정신없이 사라져 가는 저 여인에게도, 영문도 모른 채 어머니의 손에 이끌려가

는 저 아이에게도 이건 정말 아니다.'

"아! 뭐 이런 경우가 다 있냐!"

나는 병실 앞에 서서 한 가련한 여인이 어린 여자아이의 손을 잡고 쓰러질 듯 비틀거리며 사라져 간 병원 복도 쪽을 멍하니 바라보며 정신을 놓은 채 그렇게 한동안 서 있었다.

무엇엔가 된통 얻어맞은 것처럼 머리가 아파왔다.

가슴이 답답하고 숨을 쉴 수가 없었다.

그때가, 내 나이 서른다섯이었다.

팔십 줄에 들어선 지금 생각하면 정말 여러 가지로 여물지 못한 젊은 나이었는데….

그 후 부친은 서울대 병원에서 수술을 받았다. 예상했던 대로 상태가 너무 많이 진행되어 손을 쓸 수 없을 만큼 악화된 후였다. 결국, 그냥 봉합하고 얼마 있다가 퇴원을 한 후 아버지는 한 일 년 가까이 그 연남동 집에서 어머니의 간병 속에 자리보존을 하시다가 세상을 뜨셨다.

그 일 년의 시간 속에서 나는 아버지에 대한 어머니 나름대로 사랑의 한 방식을 볼 수 있었다. '미워도 사랑할 수밖에 없다'는 좀 진부하기는 하지만 깊이 박혀있는 고목(枯木)의 아직 살아있는 뿌리 같은 것이라고나 할까?

어떻든 그렇게 해서 내 부친은 모친의 보살핌을 받으면서 나름 대로 한 생을 마감할 수 있었다.

세상을 뜨시는 순간까지도 아버지는 우리에게 당신의 비참한 모습을 보이지 않기 위해 처절하리만큼 자신과 싸우셨다는 것을 딴 사람은 몰라도 나는 잘 알고 있다.

그때 조금만이라도 세월을 늘일 수 있었다면 그래서 대만에서 클로렐라를 들여와 신문에 선전을 내가며 이왕 가지고 있는 사무실 한편에서 또 다른 사업을 벌일 수 있었다면 그 친구 분과 조금은 좋은 세월을 보낼 수 있지 않았을까 하는 생각에 지금도 마음 한구석이 아프다.

가죽 반코트에 일본제 혼다 오토바이를 몰고 서울 사대문(四大門) 안을 누비고 다니시던 내 아버지. 그래도 한때는 운전기사까지 두고 그 시절 보통 사람은 엄두도 못 내던 검은색 블루버드 승용차에 몸을 싣고 다니시던 내 아버지는 결국 그렇게 가셨다.

어떻게 맺힌 곳이 없었겠는가. 아직 아무것도 모르는 철이 없는 어린아이 하나를 대책 없는 한 중년 여인의 품 안에 안겨 놓고 그렇게 가야 하는 심정은 또 오죽했겠는가? 그리고 또 쌓이고 쌓인 이런저런 한들이 어찌하여 없었겠는가.

마지막 순간끼지도 자식들에게 초라하지 않기를 바라는 존재, 그래서 힘들어도 힘들어할 수 없고 아파도 아파할 수 없고 서운해도 서운해 할 수 없는 것이 바로 아버지라는 존재다.

그래서 나는 지금 죽을힘을 다해서 일한다. 너무나도 살기가 힘들어지고 내일을 예측할 수 없는 그래서 각자가 이기적일 수밖에 없는, 모든 것이 불확실(不確實)의 시대에서 아내와 더불어 나를 지탱하기 위해서는 결국 그렇게밖에 할 수 없기 때문이다.

그런 아버지를 보내드리면서 자식으로서 너무나도 무기력했고 할 수 있는 것이라고는 진정 아무것도 없었다.

지금은 한일병원이 없어지고 새 빌딩이 들어섰지만 지금도 그곳 서소문 한일병원 자리를 지날 때면 그곳 이 층 진찰실 문을 나서면서 아버지와 마주쳐야 했던 순간 그리고 왜소하고 초췌하기 그지없었던 아버지의 어깨를 난생처음 옆에서 끌어안고 병원 이 층 계단을 내려오던 그때의 기억을 나는 지금도 지울 수가 없다.

어떻든 그 후 사업은 윤활유 주입기가 계속해서 팔려나가면서 그런대로 잘 유지되었다. 울산에서 그 시절 유명했던 포니 승용차를 사서 몰고 경부 고속도로를 질주하기도 했으니까. 하지만 그때까지만 해도 나의 사업적 수준은 그렇게 객기를 부릴 정도는 아니었지 않나 싶다. 윤활유 주입기가 끝도 없이 그렇게 높은 이익을 남기면서 팔려나갈 만큼 사회가 어수룩할 리가 없었다. 다음 수순을 위해서 외국으로부터 공구도 수입해서 팔기도 하고 나름내로는 안산힘을 써 보았지만, 윤활유 주입기처럼 그렇게 만만치가 않았다. 그래서 나는 서서히 불안해지기 시작했다. 그러던 차에 미국으로부터 우연히 산업용 바퀴를 들여와 팔게 되었고 그것을 계기로 미국으로부터 역주문을 받으면서 나는 결국 바퀴를 제조하는 사업으로 뛰어들게 되었다.

사업은 순풍에 돛을 단 듯이 살 풀려나가는 듯했다. 매주 한 컨테이너씩 배에 실어 수출을 하기도 하고 미국 교포로부터 또 다른 주문을 받기도 하면서 날이 갈수록 한없이 커져 갈 것만 같았으니까. 주문이 조금씩 늘어가면서 당시의 생산 시설로는 감당할 수가 없어서 나는 은행 지점장을 하고 있는 친구를 찾아가 융자를 받아서 경기도 안양에 공장들이 모여 있는 곳으로 시설을 확장해서 이사했다.

사업이라는 것은 매사에 치밀한 기획력과 냉정한 판단력 그리고 뛰어난 순발력 없이는 할 수 없는 것이었다. 미국에 키신저가 중국으로 건너가서 등소평을 만나고 핑퐁 외교를 한다고 매스컴들이 대서특필할 때 나는 긴장해야만 했다. 경영에 대한 기본 상식도 없이, 자본도 없이, 치밀한 기획도 없이 그냥 '어떻게 되겠지.' 하는 안일한 생각으로 대책 없이 이 치열한 사업 전선에 발을 디딘 무모함이 전부였던 나로서는 거기까지가 한계였다.

미국과 중국의 관계개선은 일사천리로 진행됐고 그러면서 미중 교역이 이루어지게 되었다.

곧이어 미국으로부터 가격을 중국에 맞추어 달라는 압박에 시달리게 되고 서서히 미국 주 거래처로부터 주문이 줄어들기 시작하면서 회사 사정이 점점 나빠지기 시작했다.

사업이라는 것이 아무나 하는 게 아니다. 냉철한 판단력, 잔인하리만큼 차가운 결단력, 철저한 자기관리 그리고 앞을 내다볼 수 있는 통찰력, 그런 것들이 없으면 결국 비참하게 무너질 수밖에 없는 것이 사업이라는 것이다.

그런 능력 있는 사람들이 사업을 일으키고 많은 사람을 먹여 살리고 결국은 사회적으로 크게 공헌한다.

어떻든 그 후 회사 자금 사정이 갈수록 힘들어지면서 내가 사는 집과 모친이 살고 있는 집마저 담보로 은행에서 돈을 빌려 썼고, 나는 물론 아내 친구들에게까지 닥치는 대로 돈을 끌어다 쓰는가 하면 심지어는 당좌 수표까지 동원하여 사채업자를 찾으면서 서서히 고난의 늪으로 빠져들어 갔다.

그리고 그로 인하여 나는 형제, 심지어는 모친의 생활까지도 힘들게 만들어 버릴 수밖에 없었다. 그래서 가족들로부터까지 지탄의 대상이 되어버렸었다. 더불어 나와 내 아내 그리고 아이들의 삶은 하루가 다르게 힘들어져만 갔다.

지옥 같은 삶의 시작이었다.

"엄마가 지난번 빌린 돈을 달라고 오늘 벌써 두 번이나 전화가 왔었어요."

"…"

처가에서 일주일 전 닷새만 쓰기로 하고 빌린 오백만 원을 그 날 서녁 늦게야 또 다른 곳으로부터 변통하여 겨우 맞출 수 있었다. 다급한 장모는 그 전날부터 몇 차례씩이나 아내에게 전화를 걸어 독촉하고 돈 문제에 시달리는 데 익숙지 못한 아내는 통곡했다. 그렇게 길고 긴 하루가 간 적이 있었다.

"여보. 너무 힘들어하지 말아요. 어떻게 잘되겠지."

"미안해, 무능한 남편이 당신을 너무 고생시킨다."

그런 가운데에서도 다음날 아내는 회사로 전화를 걸어 나를 위로해 주었다.

그러던 어느 주말(週末), 전날 먹은 술기운이 채 가시지도 않은 채 자리에서 눈을 뜨고 거실로 나오니 항상 그 자리에 있어야 할 아내가 나가고 없었다. 조금 있다 들어온 아내에게 어디 갔다 왔냐고 다그쳐 물으니 한동안 멈칫거리던 아내가 말했다.

"성당에 갔었어요."

나는 한참을 멍하니 천장을 바라보다가 힘없이 말했다.

"왜, 나 가지고는 안 돼?"

나는 전에도 아내가 성당 얘기를 하면 항상 그렇게 말하곤 했었다. "그냥 나를 믿으라고." 그 후 우리는 한동안을 서먹하게 지냈다.

"야 인마, 너도 참 한심한 놈이다. 덤빌 걸 가지고 덤벼야지 너하고 하느님하고 잽이나 되냐?"

나는 한동안 술집 밖으로 오가는 사람들을 물끄러미 쳐다보다가 친구를 바라보고 쓸쓸히 웃으며 말했다.

"그래, 그렇지? 내가 뭐라고."

그는 오랜 동반자 같은 친구다. 대학을 졸업하고 우연히 신문을 보다가 사원 모집 광고를 접하게 되었고 그래서 찾아간 회사에서 그를 만났다. 칠십 후반에 접어들면서 세 보니 그와 만난 지도 어언 세월이 흘러 사십여 년을 훌쩍 넘었다. 그때만 해도 대학을 졸업하고 직장을 구한다는 것이 무척이나 어려운 시절이었다. 식당 가득히 모여든 사람 중에 단 두 명만 뽑는 좁은 문을 그와 나만이 통과할 수 있었다. 지금 생각해도 그때 내가 어떻게 합격할 수 있었는지 모르겠지만 여하튼 그와 나는 합격을 했고 첫날 출근해서 일과 후 퇴근길에 삼화고속 버스를 타고 그와 나는 같이 서울역에 도착했다.

"홍 형, 약주 하십니까?"

"예, 쪼끔 합니다. 어떻게, 좀 하십니까?"

"저도 쪼끔 합니다. 간단하게 우리 한잔할까요?"

그렇게 의기투합하여 우리는 서울역 근처 주막 문을 열었다. 지금 많은 세월이 흘렀지만, 두고두고 그립고 또 그리운 그래서 놓기가 싫은, 나에게는 소중한 세월의 한 자락이다.

그리고 더 얘기할 것도 없이 우리가 주막 문을 나설 때는 한밤이 깊어서였다. 여하튼 그는 지금 멀리 미국에서 살고 있지만 그때나 지금이나 나에게는 힘들 때 위안이 되고 즐거울 때 같이 나누고 싶은 그래서 고맙고 좋은 친구다.

그렇게 술좌석이 있고 한동안이 지난 어느 날 아내가 저녁을 먹으면서 말을 꺼냈다.

"나 내일 성당에서 세례를 받아요. 한번 와보지 않을래요?"

"그러지 뭐, 어차피 잽도 안 되는데."

별로 달갑지 않았지만, 대답하고는 다음 날 아내와 함께 성당으로 갔다.

성당 안은 몹시 조용했고 가끔 무언가 준비를 하는듯한 사람들만 몇몇이 조심스럽게 오가고 있었다. 잠시 후 하나둘씩 사람들이 모여들었고 얼마 후 성당 안은 사람들로 꽉 채워졌다. 미사가 시작됐고 앉았다 일어섰다를 반복하면서 지루한 시간이 한 시간쯤 지나더니 미사가 끝나고 영세식이 있었다. 하지만 나는 다음 날 또 돌아올 어음과 그 어음을 막을 길이 막막하다는 생각을 하면서 시종일관 그냥 성당 앞에 걸려 있는 가시관을 쓴 채 십자가에 걸려 있는 예수 그리스도만을 멍하니 바라보고 있었다. 미사와 영세식은 시종일관 엄숙하게 진행됐고 영세식이 끝난 후에는 성당 마당에서 기념사진을 찍고 하면서 나름대로 조금은 흥분된 듯 보였지만 그렇게 요란스럽지는 않았었다.

 그리고 며칠이 지난 어느 날 잠자리에 누워 아내에게 말했다.
 "여보, 나도 한번 성당에 나가볼까?"
 아내는 반색했고 나는 얼마 후 성당엘 나가서 교리공부라는 것을 하게 됐다.
 말이 교리공부지, 가톨릭 교리는 먼 나라 이야기였고 내 머릿속에는 온통 숨 막힐 듯이 급박하게 돌아가는 현실의 괴로움만으로 가득 차 있었다. 가끔 빠지기도 하고 술에 취해서 교리 시간에 졸기도 하고 그렇게 서너 달이 지난 어느 날 그토록 무신론을 주장했던 나도 못 견디게 조여 오는 각박한 세파에 막다른 골목까지 쫓긴 다음 결국 자신의 한계를 절감하지 않을 수 없었다. 그리고 나는 세례를 받고 가톨릭 신자가 되었다.
 "주님, 스스로 더럽히고 스스로 짓밟아 만신창이가 된 이 몸, 당신 앞에 서기 가당치 않으나 당신 앞에 섭니다. 부디 불쌍히 여기시어 받아 주시고 돌보아 주소서. 그리고 지금까지의 죄를 용서하여 주시고 당신의 품 안에서 평안한 안식을 얻게 하소서. 당신으로부터 받은 이 새 생명이 부디 좋은 아들, 좋은 남편, 좋은 아빠, 좋은 가족으로 축복받는 삶을 살 수 있게 하여 주시고 그리하여 당신이 제안에 게시옵고 저 또한 당신 안에서 현세와 또 영원히 살게 하여 주소서 아-멘."

그 후 나는 시간만 나면 회사 근방 성당에 나가 멀리 미국에 있는 동생으로부터 영세 축하기념으로 받은 묵주를 들고 기도했다. 제발 좀 살려 달라고. 회사 사정은 곪을 대로 곪아 하늘에서 돈다발이 떨어지기 전에는 회생이 불가능한 상태라 내가 그때 할 수 있는 거라고는 그냥 기도하며 성당에 앉아 떼를 쓰는 수밖에 다른 방법이 없었다. 하지만 회사 사정은 호전되지 않았고 오히려 점점 더 힘들어져만 갔다. 묵주를 연결한 끈이 닳아서 너덜거릴 정도로 기도하고 매달렸지만, 돈다발은 하늘에서 떨어지지를 않았다.

그때까지 살아온 몇 년의 세월이 그냥 꿈만 같았다. 그렇게 지루하고 끈질긴 고통의 세월이 얼마나 계속되어야 하는지 그건 그냥 숨을 쉬고 있는 것이지 사는 게 사는 게 아니었다. 늘 돌아오는 어음을 생각해야 했고 급여 날이 되면 직원 얼굴들을 볼 면목이 없어서 아침 일찍 회사에 들렀다가 그냥 도망을 나왔다. 그렇게 하루가 가면 어둠이 짙게 내린 여의도 강가에서 소주병을 든 채 홀로 앉아 울고는 했다. 차라리 전쟁이 나서 세상이 뒤집히고 그래서 그 지겨운 빚에서라도 해방되고 싶은 심정이었다.

그렇게 피를 말리는 듯 세월이 하루 이틀도 아니고 몇 년이 갔다.

지출보다 수입이 턱없이 모자랐다. 발행했던 어음이 돌아오면 나는 예외 없이 갚지도 못할 어음을 발행해서 을지로 사채업자를 찾아갈 수밖에 없었다. 지금 생각하면 상상이 가지 않을 만큼 높은 선이자를 떼어내고 돌아오는 어음을 막으면서 부채는 눈덩이처럼 불어가기만 했었다.

"사장님 또 왔습니다."

나는 그날도 대책이 없는 어음을 내밀면서 곧잘 될 것처럼 큰소리를 쳤지만, 그 사람은 이미 때가 다했음을 알고 있었다.

드디어 지난 시월 말 그러니까 한 달 전 늦가을 비가 구질구질하게 내리던 어느 날 나는 결국 부도를 내고 말았다. 많은 사람을 절망 속에 빠트리면서 그렇게 긴 살얼음판 같았던 세월을 피를 말리는 듯한 고통 속에 서성이다가 무지개 같은 모든 계획과 꿈을 허무한 하룻밤의 꿈으로 돌린 채 결국은 마침표를 찍고 또 다른 고통의 장으로 넘어오고 만 것이었다.

나는 출근길에 공중전화 앞에 차를 세워 놓고 아내에게 전화를 걸었다.

"여보, 아무래도 안 되겠어. 오늘을 못 넘길 것 같아. 우선 빨리 헐값으로라도 집을 팔고 전셋값이라도 마련해야 해. 집을 팔고 은행 돈 갚으면 아마 전셋값 정도는 될 거야. 미안해."

아내는 하도 엄청난 사건을 접하고 실감이 나지 않는 듯했다. 그리고 우선 남편부터 살려야 한다는 생각에 자신을 다스리려고 안간힘을 쓰는 것 같았다.

"난 괜찮으니 걱정하지 말고 당신이나 몸조심해요."

울먹이는 아내를 뒤로하고 나는 정처 없이 길을 떠났다.

훗날 집사람은 가끔 그 시절 이야기가 나올 때면 이런 이야기를 한다.

"그때 당신이 그날 부도가 난다고 전화를 했을 때 말이에요. 그때는 아무 생각도 안 나고 그냥 당신이 불쌍하기만 했어요. 그리고 어디 가든지 그저 몸만이라도 상하지 않았으면 하는 생각뿐이었어요. 그리고 전화를 끊고 나니까 앞이 아득하고 당장 어찌해야 하는지 정신이 하나도 없더라고요."

내 아내는 그런 여자다. 그런 아내를 참으로 오랜 세월 동안 많이 힘들게 하면서 살아왔다.

강남 고속버스 터미널에서 고심 끝에 생각해낸 행선지는 나와는 아무런 상관이 없는 곳을 골라 전주로 정하고 고속버스에 몸을 실었다. 난생처음 도착한 전주의 초겨울 밤바람은 유난히 차가웠다. 터미널 부근 여관에 짐을 풀고 짐이라고 해 보았자 달랑 배낭 하나뿐이지만, 근방에 나가 포장마차에 앉아 소주를 몇 병을 들이켜고 여관으로 돌아왔다. 그리고 나는 이불에 얼굴을 파묻고 그렇게 얼마를 울다가 잠이 들었다.

햇살이 따스하게 비치는 아담한 집 방문 안으로 언제나 그랬듯이 단아한 모습으로 할머니께서 앉아 계셨다. 당신 친정의 제삿날이니 명절 같은 날이면 언제나 나를 데리고 가시어 잣과 밤을 듬뿍 쥐어 주시며 다정한 눈길로 그윽이 나를 바라보시던 항상 조용하시고 마치 달관하신 비구니 같으셨던 할머니께서 앉아 계셨다. 그리고 그 앞에는 작은 툇마루가 있어서 나는 거기에 걸터앉아 기어들어 가는 목소리로 말했다.

"할머니, 저 사업 하다가 부도났어요."

"괜찮다. 네가 언제 무얼 가지고 시작했니? 잘될 거야. 너무 걱정하지 마라."

오래전 고등학교 시절 한 서클에서 목회자를 초빙하여 장래 문제에 관한 토론을 한 적이 있었다.

"학생은 장래 희망이 뭐지?"

"저는 공부를 그렇게 썩 잘하지 못합니다. 그리고 지금부터라도 열심히 해보았자 무슨 박사가 되거나 교수가 될 것 같지도 않고요."

"그래서?"

"사업을 할 겁니다. 크든 작든 제 사업을 할 거예요. 그게 무엇이 될지 아직은 잘 모르겠지만. 그렇지 않으면 화가가 되든지요."

"그래도 우선은 학생 신분이니까 공부는 열심히 해야 돼. 그래야 학생이 무엇이 되든 간에 도움이 될 거야."

나는 박사나 교수가 되는 것보다는 부친처럼 사람들을 거느리고 나를 위해서 열심히 일하는 사업가가 되고 싶었다. 그래서 돈을 많이 벌어 그것으로 내가 낳은 아이들을 양잿물에 삶아서 빨아 널은 뽀얀 옥양목 같은 아이들로 키워 상류층의 계열에 합류시키고 싶었다. 그렇지 않으면 고흐나 고갱, 세잔, 피카소처럼 자신만의 장르를 개발하고 그 안에서 마음껏 뛰고 뒹굴면서 나만의 꿈을 키우며 살고 싶었다.

좋은 대학을 나와서 일류기업에 취직하고 승진을 해서 평생을 어떠한 특정한 인물의 뒷바라지나 하다가 그냥 그렇게 퇴물이 되어버리는 삶을 살고 싶지는 않았다.

그것은 아마도 내가 어린 시절 천변(川邊)의 초라한 집에 살면서 바라보았던 맞은편 적산 이층가옥들, 그리고 거기에서 쏟아져 나오는 상류층 사람들이 나에게 신분 상승을 그렇게 간절히 소망하도록 만들었는지도 모른다. 원효로 전차종점에서 전차를 타고 학교에 갈 때면 그쪽에서 나오는 아이들은 마치 양잿물에 삶아서 널어놓은 옥양목같이 뽀얗고 또 좋은 냄새도 났다. 그들은 나와는 전혀 다른 세상의 아이들이었다.

내가 다니던 고등학교를 사람들은 일류학교라고 했다. 그리고 많은 부유층과 명문 있는 가문의 자식들이 많았지만, 학교에 가면 나는 여기저기 모임도 만들고 하며 누구보다도 많은 친구과 잘 어울렸다. 친한 몇몇 친구들을 제외하고는 대부분 내가 그 천변의 초라한 집에 살고 있는지 몰랐다. 하지만 그렇다고 내가 살고 있는 환경에 대하여 불만을 가져 본 적은 없었다. 오히려 그 시절 나는 누구보다 행복했으니까.

한번은 중학교 시절에 담임선생님이 가정방문을 왔다. 그리고 다음 날 학교에서 선생님이 나에게 물었다.

"너희는 그 집에서 몇 식구가 사니?"

"여덟 식구인데요."

"어제 가 보니까 거기에서 여덟 식구가 살기에는 좀 힘들겠던데."

그의 담임선생은 내가 제법 사는 집 아이로 알고 있었는데 좀 실망한 표정이었던 것 같았다.

"아니에요, 저한테는 그 집이 제일 좋은데요?"

"그래? 그럴 수도 있겠다."

담임선생님은 의외라는 듯 나를 쳐다보면서 대답했다.

사실이었다. 나는 다만 맞은편 적산 이층가옥에 살고 있는 상류사회를 보면서 부러워하기는 했지만 그렇다고 내가 속해 있는 환경을 부끄러워하거나 의도적으로 감추려고 하지는 않았다. 오히려 나는 행복했다. 아침이면 적산가옥과 반대편 개천 건너에 빈민촌에서는 많은 사람이 매일같이 깡통을 들고 밥을 얻으러 줄을 지어 나갔다. 거기에 비하면 우리 집은 비교도 안 될 만큼 풍족했다. 그리고 모친은 남달리 손재주가 좋아 다섯 남매를 항상 누구에게도 뒤지지 않게 입히고, 먹이면서 기죽지 않고 반듯하게 잘 크도록 뒷바라지해 주었다. 넉넉지는 않았지만, 학교에서는 등록금 문제로 교무실에 불려가는 일도 없었고, 다섯 남매가 모두 무난히 대학을 졸업할 수 있었던 것은 유난히 자식에 대한 모친의 기대와 학구열이 강한 부친의 노력 덕분이었다.

하지만 거기에 내 조모님의 넉넉하고 따뜻한 품이 없었다면 그 모든 조건이 배가되어 우리 모두에게 정서적 상승작용으로 승화되지는 못했을 것이다. 그만큼 내 할머님은 우리 식구들의 정신적인 지주였고 자존심이었다.

할머니는 1900년대 말 남한산성 어느 전통을 중시하는 양반 집안의 일남 일녀의 외동딸로 태어났다. 여자에게 글을 가르쳐주지 않던 그 시대에 유난히도 총명했던 조모님은 서당에 다니는 동생 어깨너머로 한글은 물론 웬만한 한문도 신문 정치, 사회면을 거침없이 읽어나갈 정도에 도달해 있었고 책을 좋아해서 『옥루몽』, 『양녕대군만유기』, 『춘향전』 등 고어(古語)로 된 책들을 머리맡에 두시고는 읽고 또 읽고는 하셨다.

그 시대에는 다 그랬듯이 집안의 어른들이 서로 사돈을 맺고 자녀들은 부모가 정해주는 집으로 시집, 장가가던 그 시절에 전통을 중시하던 양반집의 외동딸이었던 내 할머니는 인천 어느 염전과 정미소를 운영하고 있는 부잣집 둘째 아들과 혼인했다. 기운이 장사이고 훤칠한 얼굴의 신랑을 본 그녀는 안도의 숨을 쉬었고, 남편 역시 듬직하고 정이 많은 사람이었다. 하지만 그 시절 그렇게 좋은 조건을 가진 남정네 중에는 많은 이가 그에 걸맞은 한량 끼를 가지고 있었나 보다. 나의 할아버지도 그런 한량 끼를 가진 남정네 중 한 사람이었다. 그런 어느 날 느닷없이 할아버지 뒤를 따라 들어온 한 여인네에게 내실을 비워주고 할머니는 서울로 올라와 바느질품을 팔며 외아들 하나를 키우며 살았다.

남한산성에서 나름대로 전통을 중시하고 법도를 내세우며 살아가고 있는 소위 그 시절에 양반 가문을 이끌고 계시는 할머니 부친(내 부친의 외조부)의 심정이 어떠했겠는가. 비록 줄가외인의 법도를 엄격히 하던 시절의 이야기이긴 하지만 애지중지 키운 외동딸이 멀쩡히 살아있는 사위를 두고도 홀로되어 아들 하나를 데리고 삯바느질을 하면서 살아가고 있는 그런 모습을 보아야 하는 그분 속이 어떠했겠는가 말이다.

교통이 지금처럼 원활하지도 못했던 시절에 짬을 내서 老 할아버지께서는 그렇게 궁핍하게 살고 있는 딸을 보러 남한산성에서 서울까지 오시고는 하셨을 거다. 그리고는 애꿎은 담배만 피우시다가 떨어지지 않는 발길을 돌리고는 하지 않으셨겠는가. 지금 나는 그때 할머니의 부친께서 그 시절 쓰시던 그 많은 한이 담겨 있는 검은 돌로 만들어진 담배합을 할머님께서 심 씨 가문으로 시집오실 때 가지고 오신 귀한 세공 노리개 몇 점과 함께 가보로 소중하게 간직하고 있다. 그럴 수밖에 없는 것이 그 담배합 속에는 내 조모님의 한과 내·외증조부님의 애잔함이 고스란히 담겨 있을 것이기 때문이다.

아무리 남존여비의 사상이 뚜렷하고 남정네들의 한량 끼를 조금은 너그럽게 이해할 수 있었던 시절이라 하더라도 그건 아니었지 않았나 싶다.

이 세상에는 나름대로 기본적인 질서라는 게 있다. 그런 질서 속에 우주 만물이 끊임없이 윤회를 거듭하고 그 속에서 우리는 우여곡절을 겪으면서 서로 어울려 살아가고 있다.

내가 그 질서를 이탈하면 나 아닌 것이 고통을 받는다.

그러면 그것이 業(업)이 되고 그 업이 쌓여서 결국 내게로 온다.

그렇게 해서 당신의 인생을 다 바쳐 외아들 하나를 정성 들여 키웠고 그 외아들은 잘 자라 제 몫을 훌륭하게 해내었다. 그리고 그 외아들이 결혼해서 아들을 낳았으니 어찌 눈 넣은들 아프겠는가. 나는 그런 할머니의 사랑을 받으며 어린 시절을 보냈다.

하늘이 무너지던 날 난생처음 간 낯선 도시 전주의 한 여관방에서 나는 그 할머니를 꿈속에서 만났다. 진한 갈증 속에 몸을 뒤척이다 눈을 뜨니 아~ 깨지 말 것을, 돌아온 현실은 또다시 믿어지지 않을 만큼 참혹하기 그지없는 절망적인 상황이었다.
"자, 이제 어떻게 한다? 정신을 차려야 해."
꿈속에서 할머니를 만난 덕분에 전날보다는 마음이 조금 안정이 되어 있었다. 하지만 그것도 잠시뿐.
"아내와 아이들은 어떻게 됐을까. 회사는 지금쯤 난리가 났겠지?"
재료 대금으로 발행한 어음, 그리고 사채업자에게 발행해준 어음과 당좌수표들이 지급정지 되면서….
곧 미쳐 버릴 것 같은 마음을 쓸어안고 나는 밖으로 나왔다. 시월이 다 가는 낯선 곳의 아침은 무척이나 추웠다. 전날 아침부터 굶으면서 빈속에 들이켠 소주에 속이 말이 아니었지만 나에게 그건 고통도 아니었다.
시월의 마지막 주말 거리는 전날 내린 비에 말끔했고 늦가을 싸늘한 바람이 옷깃을 여미게 했지만, 날씨는 화창했다. 난생처음 와본 도시라서 어디가 어딘지 알 수가 없었다. 그냥 정처 없이 한참을 걷다 보니 재래식 시장이 있었고 대로변 쪽 시장 한가운데쯤 아주 오래된 듯한 성당이 눈에 들어왔다.

"아, 그래 오늘이 주일이었구나."

 정문을 지나 본당 문을 밀고 안으로 들어서니 조금 이른 시간이라 성당 안에는 몇몇 신자들이 듬성듬성 앉아 있었고 마침 고백실에는 불이 들어와 있었다. 나는 아무 생각 없이 고백실 문을 열고 들어가 조용히 무릎을 꿇고 앉았다.

"신부님, 저는 지난 십여 년을 몇십 명의 직원을 거느리고 사업을 했었습니다. 그러다가 우여곡절 끝에 부도를 내고 지금 기소가 중지된 상태에서 저만 바라보며 살아가던 아내와 자식을 뒤로한 채 도망을 다니고 있는 중입니다. 생각할 수조차 없을 만큼 많은 죄를 지었습니다. 그 이외 알아내지 못한 죄에 대하여도 통회하오니 용서하여 주십시오. 성부와 성자와 성신의 이름으로 아-멘."

 '아- 이를 어쩐다, 이를 어째야 한단 말인가. 이분이 날 어떻게 무엇을 용서할 수 있다는 말인가.'

 하지만 그렇게밖에 할 수가 없었다. 그 외에 내가 할 수 있는 것은 아무것도 없었다.

"형제님, 지금 형제님께서는 아주 몹시 힘드십니다. 하지만 형제님이 앞으로 지금보다 더 힘들어질 수 있겠습니까?"

"지금보다 더 힘들어지면 어떻게 하게요."

 나는 기가 막혀서 힘없이 중얼거렸다.

"형제님, 그럼 앞으로의 세월이 지금보다는 조금씩이라도 나아지지 않겠습니까. 지금 형제님께 닥쳐온 수난은 주님께서 형제님께 내일을 위하여 내려주신 은총일 수 있습니다. 부디 절망하지 마시고 주님께 의지하며 열심히 기도하며 사십시오. 형제님 앞날에 하느님의 가호가 있기를 기도하겠습니다. 보석으로….”

나는 비틀거리듯 고백실을 나와 의자에 걸터앉았다. 그리고는 생각에 잠겼다.

“그래, 바닥을 친 거야. 내 인생의 바닥을 친 거지. 앞으로 세월이 이보다 더 고통스럽기야 하겠어? 점점 나아질 거야. 하지만 어쩐다? 당장 이 노릇을 어쩐다?”

그러나 현실은 막막하고 난감했다. 한참을 넋을 놓고 앉아 있는데 잠시 후 밖으로 나오는 신부님은 의외로 삼십이 갓 넘을까 한 젊은 신부님이셨다.

나는 평상시 몸과 마음이 힘들 때는 술을 잘 마시지 않았다. 하지만 힘든 세월을 겪고 마침내는 부도가 나면서 고통스러운 세월을 엮어가다 보니 잊기 위해서 술을 먹는 경우가 많아졌다. 그날도 종일 술에 취하여 미친 듯이 거리를 헤매다가 저녁 무렵에 전화박스에 들어가 혹시나 하는 마음에 처가로 전화를 했다.

아내는 거기 있었다.

“아이들은.”

“고모네 있어요.”

전화 속에 아내는 통곡했고 나도 목이 메였다.

그제야 아내는 실감이 났던 것이었다. 우리가 지금 어떤 처지에 놓여 있는지를, 앞이 보이지를 않는 막막한 상황 속에 우리가 놓여 있다는 사실을, 그 엄청난 사건이 있은 후 잠시 공황 상태를 유지하다가 시간이 지나면서 닥친 일들이 현실로 무섭게 그녀를

덮쳐 오고 있었던 것이었다.

우리 식구들의 행방을 찾기 위해 수사기관에서 올 것이었고, 채권자들은 그 시간에 눈에 불을 켜고 우리를 찾아 헤매고 있을 것이고, 아이들조차 마음 놓고 학교를 다닐 수 없을지도 모른다는, 이 막막하고 무서운 현실을 서서히 실감하면서 아내는 치가 떨리도록 무섭고 고통스러웠을 것이었다. 그리고 당장 어떻게 이 모든 위협으로부터 피할 수 있는 곳에 둥지를 틀고 아이들과 함께 먹고살아 갈 수 있을까도 막막했을 것이었다. 하지만 법으로부터 그리고 채권자들로부터 쫓기고 있는 나로서 아내에게 해줄 수 있는 그것이라고는 아무것도 없었다.

그 당시 우리는 이런 글 같은 것으로는 도저히 표현할 수 없을 만큼, 죽을 만큼, 그만큼 진정으로 힘들고 또 힘들고 괴로웠다.

아무런 연고도 없는 전주에서 한없이 머물 수는 없는 일이었다. 사흘 후 나는 다시 배낭을 둘러메고 전주를 떠나 이곳 외가(外家)가 있는 진주로 오게 되었다.

그리고 냉기가 옷 속을 파고드는 추운 겨울날 늦은 밤에 아무도 없는 텅 빈 거리를 나는 그렇게 절규(絕叫)하면서 걷고 있었다

2

내가 얹혀서 지내고 있는 집은 이모네 집이었다. 육이오 때 부친께서는 제이(第二) 국민병(國民兵)으로 소집되어 나가셨고 할머니는 홀로 남은 내 어머니와 남매를 진주 친정집으로 피난을 보냈다. 그때 마침 경찰에 몸담고 계시는 모친의 외삼촌(그러니까 나에게는 작은 외할아버지가 되실 거다) 되시는 분께서 죄수들을 호송하기 위해 서울엘 오셨다. 덕분에 우리는 죄수들과 함께 대구까지는 따뜻한 열차를 타고 편하게 갈 수가 있었다. 화차(火車)로 가서 볶아다 주신 볶은 콩을 주머니에 넣고 슬그머니 바라보는 죄수들에게 눈치껏 조금씩 나누어주면서 먹었다. 열차 지붕 위에서는 빈틈없이 올라탄 피난민들의 아우성이 들려왔고 그 소리는 열차가 터널을 지나갈 때엔 글자 그대로 아비규환(阿鼻叫喚)을 방불케 했있다.

도착한 대구역 광장에는 많은 피난민이 끝도 없이 줄을 서서

드럼통에 넣고 끓인 유엔군들이 먹다 남긴 짬밥을 배급받고 있었다. 하지만 우리는 덕분에 버스를 얻어 타고 무사히 진주에 도착할 수 있었다.

그때 진주 역시 전쟁으로 폐허가 되어 온 市街地(시가지)는 잿더미가 된 채로 간혹 타다 남은 잔해들이 여기저기 나뒹굴고 있었다. 모두 끼니가 없어서 전전긍긍하며 많은 사람이 밥을 얻으러 다니는 고달픈 생활들을 하고 있었지만, 다행히 외조부님은 진주 시내 남강 다리 밑에서 시멘트 부록과 물통을 생산하는 조금은 넉넉한 생활 기반을 갖추고 있었던 터라 다른 이들에 비해 비교적 나은 생활을 하고 있었다. 너그럽고 인자하신 외조부모님은 저녁이면 보리밥을 넉넉히 마련해서 힘든 이웃 사람들과 아쉬운 대로 나누어 먹고는 했다. 그렇게 한 해가 가고 서서히 생활이 안정되면서 나는 진주에 있는 초등학교에 들어갔고 그 시절 여고생이었던 막내 이모는 남강 가에 빨래를 하러 갈 때면 꼭 나를 데리고 가서 미역을 감게 하며 같이 시간을 보냈다. 시장에도 데리고 다니며 당신은 돈이 아까워 못 사 먹는 쩐 고구마도 사서 손에 쥐여 주고는 했다. 이모가 아니고 어머니였다. 지금도 막내 이모가 어머니 같은 생각이 드는 것은 아마 그 시절 이모의 모습과 더불어 고향이나 다름이 없는 어린 시절의 진주에 대한 애틋한 기억이 마음 한구석에 자리하고 있기 때문일 것이다. 이모에게는 아들이 없고 딸들뿐이다. 소싯적 그에게 아들 노릇을 조금은 해야 했는데 무심코 가는 세월에 기회를 놓쳐 버리고 말았다.

나는 어린 시절부터 한 가지 생각에 빠지면 그 이외 모든 것을 잊어버리는 지독한 '단기 기억상실증'이 있었다. 그래도 지금은 미리 대비하고 처신하는 관계로 좀 나아지기는 했지만 어린 시절에는 학년 초에 교과서를 받고 나서 얼마 가지 못해 책가방 채로 잃어버리는 일이 다반사였다. 그럴 때면 막내 이모는 노트를 사다가 밤새워 교과서를 노트에 베껴 주고는 했었다.

그 '단기 기억상실증은 평생을 지긋지긋하게 나를 따라다니며 괴롭혔고 지금도 그렇다. 무슨 물건이든지 옆에 놓고 딴 볼일을 보면 십중팔구 놓고 그냥 온다.

매일같이 잃어버렸다. 아침에 어머니께서 잘 깎아 가지런히 놓아준 필통 속에 연필들도 저녁이면 없어졌고 선생님께서 내어준 숙제도 십중팔구는 잊어버리고 다음 날 벌을 받았다. 왜 메모를 안 했냐고? 지금도 그렇지만 나는 지독한 악필이다. 그래서 무언가를 쓰기가 정말 싫었다. 그런 내가 미워서 자신의 머리를 쥐어박고는 며칠씩 혹을 달고 다닌 적이 아마 수를 헤아릴 수 없을 만큼 많았을 것이다. 만일 그런 고질병이 없었다면 아마도 내 인생이 지금쯤 많이 달라져 있을지도 모를 일이었다.

지금 생각하면 그것이 '아마도 일종의 장애(障碍)가 아니었나' 하는 생각도 한다.

하지만 그렇게 평생을 괴롭혀 오던 그 지독한 '단기 기억상실증'도 나이를 먹고 세월이 가면서 차차 운명처럼 받아들이게 됐지만 그래도 역시 힘들고 괴롭다.

그랬던 내가 그래도 그 시절 세법 괜찮은 중고등학교를 다닐 수 있었고 또한 대학도 그럴 수 있었던 것은 아마 내 능력 밖에서 누군가가 항상 나를 지켜봐 주면서 소설 속에 나오는 알라딘처럼 때맞추어 나타나 요술처럼 나를 도와주고 사라지는 뭐 그런 것이 있지 않았을까 하는 생각을 자주 한다. 그것은 군 복무가 끝나고 대학을 마저 졸업한 후 사회에 첫발을 디딜 때도 그랬고 이제 삶의 끝자락에서 서서히 마감해야 하는 지금에 이르기까지 늘상 그랬던 것 같다.

하지만 세월이 많이 지난 지금 돌이켜보면 그런 고비 고비마다 치러야 하는 의식(儀式) 같은 것은 반드시 있었다. 언제나 구원의 손길은 나 스스로 앞뒤 대책 없이 만들어놓은 과오(過誤) 이후 필연(必然)으로 다가오는 불안의 세월을 그리고 때로는 처절하리만큼 힘들고 괴로운 세월을 예외 없이 겪을 때까지 다 겪게 한 후였으니까.

사람은 누구나 동전의 양면처럼 좋은 면과 그렇지 않은 면을 같이 가지고 한세상을 살아간다. 좋은 면을 잘 살리고 그렇지 않은 면을 잘 다스리면서 내 삶의 좌우명이기도 한 진인사대천명(盡人事待天命)을 하다 보면 분명 그렇게 늦지 않은 어느 날 구름 사이로 햇빛이 얼굴을 내민다.

전쟁이 끝나고 우리 식구는 부친께서 사업을 하고 있는 대구로 올라가 피난민들이 모여 사는 동네에 판잣집을 짓고 할머니를 비롯한 모든 식구가 한데 모여 살면서 방학이 되면 버스를 타고 진주 외갓집엘 가고는 했었다. 방학이 끝나고 버스터미널에서 대구로 가는 버스를 탈 때면 외할아버지께서는 얼큰하게 약주를 하시고 버스를 가로막으시면서 "몽 깐다, 갈라면 내를 쥑이고 가라." 하면서 한바탕 소동을 치르기도 했다고 한다.

　진주는 어린 시절의 추억이 고스란히 담겨 있는 고향 같은 곳이다.

　내가 어린 시절 야뇨증으로 매일같이 오줌을 싸서 키를 뒤집어쓰고 곰보 할머니한테 소금을 얻으러 갔다가 주걱으로 뺨을 맞고 통곡을 하면서 집으로 돌아오기도 했었다. 외조부님 등에 업혀 시장통을 돌면서 군것질도 했는데, 그럴 때면 외조부님은 지나는 친지들에게 "서울 사는 내 손주다. 잘생겼째?" 하고 자랑을 하면서 여가를 때우기도 하셨다.

　내가 진주를 오고 간 것은 서울로 이사를 와서도 아마 외할아버지께서 타계하실 때까지는 매년 방학 때마다 였을 게다. 그때는 석탄을 때는 기차가 '칙칙폭폭' 하는 요란한 기관 소리를 내면서 무척이나 느리게 달렸었다. 서울역에서 부산 가는 기차를 타고 밤새도록 달리면 새벽하늘이 훤하게 밝아올 무렵 삼랑진역에 도착했다. 우리는 그곳에서 내려 밤을 꼬박 새워 달려온 초췌한 모습으로 역진 국밥집에 들러서 국밥을 한 그릇 먹었다. 그리고 조금 지나서 진주 가는 열차가 도착하고 우리는 그 열차를 갈아타고 진주로 갔었다. 그런데 그 시절 종착역이 진주가 아니라 간혹 진주를 지나 삼천포까지 가는 열차가 있었다고 한다. 그래서 혹자는 잠이 깊이 들어 진주를 지나 삼천포까지 가버리는 이들이 있어 '잘 가다가 삼천포로 빠졌다.'는 말이 생겨났다고 하니 이 글을 쓰는 본인도 얼마 전 삼천포로 출장을 갔던 길에 현지인에게서 들어 알게 된 사실이다.
 어떻든 거의 육십여 년이 다 돼가는 지금도 어쩌다 지나는 길에 가끔 그 삼랑진역을 들러보면 국밥집은 다 없어지고 부동산 사무실, 옛날식 다방 그리고 비어있는 가게들뿐이지만 놀라울 정도로 옛 건물 그대로의 모습으로 남아있어서 정겹기 그지없다.
 어떻든 진주는 내 모든 정서가 배어있는 고향 같은 곳이기도 하다.

 나는 이모를 생각해서라도 눈물을 보일 수 없어 한참을 이리저리 헤매고 다닌 후 슬그머니 대문을 열고 들어가 자리에 누우면 캄캄한 방이 모두 아내의 얼굴, 아이들의 얼굴로 채워지고 있었다. 그렇게 그날도 힘들게 하루가 갔다.
 다음 날 아침 조반을 드는 둥 마는 둥 하고 그날도 집을 나섰다. 그리고는 공중전화 박스에 가서 아내에게 전화했다. 전화는 장모님이 받았다.
 "안녕하세요? 죄송하고 면목이 없습니다. 집사람 좀……."
 "지금 여기 없네."
 장모님은 몹시 퉁명스럽게 대답하며 또 다른 전화번호를 하나 알려 주었다.
 '어쩌자고 일을 이 모양으로 만들어 애지중지하는 내 딸을 이렇게까지 고생을 시키는가.' 하는 사위에 대한 원망과 미움이 왜 없었겠는가.
 나는 곧바로 조금 전 장모님이 가르쳐준 번호로 전화했다.

"여보세요."

여자 목소리였다.

"거기 새로 이사 온 집 좀 바꿔 주실 수 없을까요?"

"여기 새로 이사 온 집 없는데요."

경계하는 목소리였다. 그렇겠지, 이미 우리 식구들은 신분이 노출되어서는 안 되는 그래서 극히 조심하지 않으면 안 되는 부류가 돼 버린 것이었다.

한참 후 전화 속에 들려오는 아내의 목소리는 많이 차분하고 조금은 안정되어 있었다.

전주에서 통곡하면서 서로 통화를 한 후 며칠이 지나서 아내는 우선 단독주택들이 옹기종기 모여 있는 동내 깊숙한 곳 양옥집 이 층에 단칸방을 얻어 이사하고 아이들과 한데 모였다.

그리고 처제가 경영하고 있는 회사에 나가 일을 하기 시작했다.

처제는 아내와 같이 경제적으로 어려운 가운데 어린 시절을 보냈다. 우리의 지난 세월이 대부분 그랬듯이 지난한 삶 속에 가려진 영특함이 세상에 대한 원망으로 분출되기도 하고 혹자는 돌이킬 수 없는 늪으로 빠져들기도 했지만, 그들은 다행히 그런 자기의 환경을 오기로 잘 다스려 나갔었다.

어렵게 여고를 졸업하고 그녀는 그의 먼 친척이 경영하고 있는 냉난방 설비 자재판매점의 직원으로 발을 디디면서 가난의 굴레에서 벗어나기 위한 고단하고 힘거운 질곡의 삶을 시작했었다. GNP 100불이 채 안 됐던 그 시절 젊은이들은 가난에서 벗어나기 위해 열악한 조건 속에서 죽음도 불사해가면서 그저 돈이 되는 일이라면 물불을 가리지 않고 무엇이든 열심히 했었다. 그것도 단지 먹을 것 입을 것 그리고 잠자리 같은 삶의 기본적인 그것들을 마련하기 위해서. 그런가 하면 집안에 훗날 희망이 보이는 인재를 키워 한을 풀어 보려고 형제 중에 싹이 보이는 한 사람을 지정해 놓고 온 식구가 남자들은 노동판으로 여자들은 캄캄한 다락방 뿌연 백열등 아래서 밤낮을 가리지 않고 재봉틀을 돌리기도 하고 심지어는 몸도 팔면서 그의 뒷바라지에 매달리기도 했었다. 그가 장원급제하여 암행어사가 되어 금의환향(錦衣還鄕)할 날을 고대하면서 말이다.

훗날 그런 것들이 아련한 추억으로 떠올려지기도 하고 때로는 그런 가운데의 배신과 변절을 소재로 하여 신파 작품이 되어 소설이나 영화가 만들어지기도 하였지만.

그 시절, 그녀 역시 오직 여덟 식구의 가난으로부터의 일탈(逸脫)을 위해서 필사적으로 혼신을 다해서 자신의 몸을 돌보지 않고 일을 했었다. 그리고 그녀의 영특함은 유감없이 드러났다. 그녀는 얼마 후 그곳을 나와 자신의 사업을 시작했고 그 무렵 제법 규모가 있는 기업으로 발돋움하고 있었던 터였다.

아내에게 미안했다. 어찌 다 말로 표현할 수 없을 만큼 미안하고, 미안하고 또 미안했다. 두렵고 무섭고 앞길은 막막하고, 그런 가운데 동생이 경영하고 있는 회사에 나가 생소하고 그래서 어설픈 일들을 하면서 이 눈치 저 눈치 어찌하여 보지 않을 수 있었겠는가. 희망? 어찌 언감생심 희망이라는 것을 꿈이나 꿀 수 있었겠는가.

작은 지방 도시의 다방은 그 시절 나처럼 갈 곳이 없는 사람이 시간을 보내기에는 안성맞춤이었다. 아침 늦게 일어나서 대충 요기하고 집을 나와 촉석루로 남강으로 해서 로터리를 돌아 다시 남강 다리 입구에 다다르면 온몸은 얼어 버리고 다리도 아팠다. 하지만 그다음 나에게는 갈 곳이 없었다. 그래서 찾아 들어가는 곳이 지금은 없어지고 썰렁한 콘크리트 빌딩으로 바뀌어 들어섰지만, 그 시절에는 아담한 단층 목조건물로 되어있는 옛날식 다방으로, 구석 자리에 자리를 잡고 앉아 차를 한잔 청해 마시고 신문을 펼쳐 들면 점점 짧아지는 낮 시간을 보내기에는 제격이었다. 신문은 온통 5공화국 비리 문제로 도배를 했고 때마침 TV에서도 장세동 씨 청문회 증인신문이 생중계 방송되고 있었다.

장세동.

육군사관학교 16기, 전두환 전 대통령 최고의 충복, 12.12 군사반란 시절 수도경비사령부 단장, 5.17 쿠데타에 협조하여 성공한 후 전두환 대통령 비서실장, 국가안전기획부장으로 재직하며 노태우와 함께 전두환의 후계자로 지목될 만큼 그 위세가 대단했던 인물이다.

지난해 겨울 김영삼, 김종필 씨와 김대중 씨가 야당 후보로 나오는 바람에 여당의 노태우 씨가 어부지리로 대통령에 당선되었다. 지난봄 노대우 씨가 대통령으로 취임한 후 전두환 씨의 친동생 전경환이 구속됐고 곧이어 13대 국회의원 선거가 있었다. 결과는 여소야대. 지난 6월 여론에 이끌려 당국은 전두환 씨 일가 비리 조사에 착수했는가 하면 국회에서는 '5공정치 권력형 비리 조사특위 구성결의안'이 발의되고 통과됐다. 그 후 언론사상 최초의 국정 생중계로 국민의 관심과 성원 속에 5공 비리, 광주 문제, 언론 통폐합 문제 청문회가 열렸고 그 결과로 상상을 초월하는 비리와 음모가 밝혀지고 있었다. 그리고 일해재단 청문회가 진행되면서 그 당시 실세였던 사람들 그리고 거기에 편승해서 권력과 재력을 풍미했던 사람들이 함께 국회에 출두해서 큰 곤욕을 치르는 중이었다. 권불십년이오, 꽃이 붉어도 열흘을 못 간다고 했다. 분수를 알고 겸손하게 살아가야 할 일이다.

어쨌든 나에게는 그렇게 따듯한 다방에 앉아 신문을 보고 TV를 시청하는 시간이 그나마 그 많은 괴로움을 떨칠 수 있는 유일한 시간이었지만 마냥 그렇게 진주에 머물면서 시간을 보낼 수는 없었다. 그 시간에 아내와 자식들이 겪고 있을 고통을 생각하면 어떻게든 무엇인가 날품이라도 팔아야 하는데 몸이 자유로워야 그나마 무어라도 할 수 있을 게 아닌가 말이다. 그냥 이러지 말고 경찰서에 가서 자수하고 죗값을 받아야 하지 않을까? 얼마나 감옥에 있어야 하나. 그러면 아이들은 어떻게 하지? 그때 큰아이는 고등학교 그리고 딸아이는 중학교에 다니고 있었다. 얼마 지나지 않아 아들아이가 대학을 가야 한다. 감옥에 가서 몇 년을 보내야 한다면 아내 혼자서 그것을 감당할 수 있을까?

모친이 살고 있는 집은 어떻게 됐을까.

삼천포에 내리자 바다 냄새가 물씬 풍겼다. 바닷가 가까운 곳에 숙소를 잡고 나는 곧장 공중전화 박스로 다가가서 아내 그리고 중학교에 다니는 딸과도 통화했다.

"엄마 말 잘 듣고 공부 열심히 해라. 그리고 기죽지 마라. 조금만 참으면 꼭 좋은 날이 올 거다. 사랑한다."

"알았어! 아빠 몸조심해."

목이 메어서 나는 더 이상 말을 이을 수가 없었다.

어느 아비가 자식 앞에 초라하고 싶겠는가. 어느 지아비가 자기 아내 앞에 무능해 보이고 싶겠는가. 그런데 지금 이게 무언가. 초라하고 무능해 보이기는커녕 무얼 어떻게 해 보일 수도 없는 그냥 그대로 절망뿐이지 않은가 말이다.

"아, 내가 그렇게 많은 죄를 지으면서 살아왔나."

전화를 끊고 나는 바닷가로 나가 한적한 곳을 찾아 복 바치는 서러움을 토해내며 울고 또 울었다.

"아- 정말 망할 놈의 세상이다. 어쩌다 이렇게까지 되었냐."

잠시 후, 어디선가 노랫소리가 들려왔다. 징 소리 장구 소리가 들리고, 곧이어 해금 소리가 구성지게 들려오더니 노랫소리로 이어졌다.

"간다~ 간다~ 나는 간다. 이놈에 세상 다 버리고 나는 간다."

나는 어깨를 들썩이며 춤을 추기 시작했다. 울다가 웃다가, 그렇게 넋 나간 사람마냥 한동안 나는 춤을 추었다. 그리고는 가슴이 미어져 내렸다.

바닷물이 허벅지를 지나 가슴까지 닿았다.

"보이소! 지금 뭐하는 겁니꺼!"

지나가는 동네 여인이 바다 안쪽 어둠 속으로 밀려들어 가는 나를 발견했던 모양이었다.

"아무도 없십니꺼? 여 사람 죽십니더!"

"아닙니다. 나갈 겁니다. 괜찮아요. 사람 부르지 마세요!"

일이 복잡해지면 경찰이 올 거고 그렇게 되면 어떻게 되리라는 것이 머리를 스쳐 가면서 나는 다급히 그녀에게 소리를 지르며 되돌아섰었다.

잠시 후 뚝방 길로 올라와서 여인에게 그동안 자초지종을 대충 얘기하였다.

"이제 다시는 이러지 않을 겁니다. 그러니 오늘 일은 못 보신 것으로 해주시고 아무에게도 말씀하지 말아주세요. 부탁입니다."

"야, 알겠십니다. 하지만 절대로 다시는 그라지 마이소. 인간사 새옹지마(人間事 塞翁之馬)라 안 캅니꺼, 뵙기에 배우신 분 같으신데 열심히 살다 보모 또 좋은 날이 안 오겠능교. 죽을 마음 이사 무슨 일은 못 하겠십니꺼."

그리고 그 여인은 물에 젖어 떨고 있는 나를 보면서 안쓰러운 듯 말했다.

"우짜꼬, 다 젖었는데."

"괜찮습니다. 여관에 가면 가지고 다니는 여벌옷이 있습니다. 감사합니다. 살펴 가십시오."

그 여인은 못 미더운 듯 몇 번씩이나 돌아보면서 가던 길을 갔었다.

"춥십니더! 퍼득 가이소!"

여관 문을 들어서니 여관 아주머니가 놀라면서 쳐다보았다.

"아~ 술에 좀 취해서 요 앞 개울에 빠졌습니다. 방에 옷이 있으니 갈아입으면 됩니다."

방에 들어와 옷을 갈아입고 개어져 있는 이불 속에 발을 넣고 그 위에 머리를 박으면서 중얼거렸다.

"미친 놈! 죽긴 왜 죽어! 죽으면 그들은 어떻게 하라고."

그렇게 긴 하루가 간 적이 있었다.

어느 때와 다름없이 다방 구석에 자리를 잡고 앉아서 신문을 뒤적이다가 나는 조용히 중얼거렸다.

"여기 앉아서 이렇게 시간을 보낼 수는 없어. 그래 우선 서울 가까이 가자! 가서 집사람을 만나자. 그리고 또 생각해 보자."

나는 자리를 박차고 다방 문을 나섰다. 그리고는 곧장 이모 내 집으로 달려가 배낭을 챙겨 둘러 매고 걱정스레 쳐다보고 있는 이모를 뒤로한 채 잠시 후 나는 서울 가는 기차에 몸을 실었다.

어둠이 짙게 내리깔린 늦은 저녁의 수원역 광장은 나름대로 일을 끝내고 분주히 오가는 사람들로 북적거렸다.

이렇게 모두들 바쁜 걸음으로 분주히 어디론가 가고들 있는데….

"니는 이디로 간다?"

낯선 도시, 낯선 거리에 서서 올려다보는 가로등 불빛이 내 눈에 맺힌 이슬 너머로 점차 흐려져 가고 있었다. 어깨가 아프고 그 아픔은 가슴을 타고 온몸으로 번져 나갔다. 그리고 저만치 오뎅 국물을 끓이는 듯한 곳에서 뿜어져 나오는 수증기가 촉수 어두운 전등불빛 주위를 감싸고 있는 모습이 어렴풋이 눈에 들어왔다.

   한기를 느끼면서 눈을 뜨니 또 다른 낯선 천장, 얼룩진 벽 그리고 냄새나는 이불, 옷은 입은 채였다. 방문을 열고 밖을 나오니 축대 위에 초라하게 웅크리고 앉아있는 여인숙 밑으로 수원역이 한눈에 들어오고 초겨울 찬바람이 얼굴을 때렸다. 산비탈을 내려와 얼마를 걸어 전날 내린 역 앞에 다다르니 마침 남양 가는 버스가 막 출발하려는 참이었다.
   "전화로 형 이야기를 해 두었으니까, 형이 찾아가면 아마 잘 맞아 줄 거야."
   며칠 전 진주로 찾아와 주었던 동생에게서 전해 받은 쪽지를 들여다보았다. 자세히 잘 그려준 약도 덕분에 찾는 것이 그렇게 어려울 것 같지가 않았다. 남양 읍내에 이르러 차에서 내려 약도를 보면서 큰길을 따라 한 이십 여분쯤 걸어가니 오른쪽 산기슭으로 실이나 있고 그 한쪽에 '봉림사'라고 쓰어 있는 커다란 돌 하나가 서 있었다. 초겨울 추위가 조금 느껴지기는 했지만 바람이 없고 양지바른 길은 따라 걷는 데는 그런대로 괜찮았다. 그렇게 길을 따라 한동안을 걸어가다 보니 조금 가파른 산길이 시작되었고 잠시 후 산 중턱으로 아담한 작은 절 한 채가 모습을 나타냈다.
   "계십니까?"

절간에 다다라 숨을 고르며 물으니 대웅전을 바라보고 한쪽으로 비켜선 양지바른 요사채의 한 방문이 열리면서 단아(端雅)하고 인자한 모습의 영락없는 스님 한 분이 바쁜 걸음으로 나오면서 반갑게 맞아 주었다.

"어서 오세요. 식사는 하셨습니까?"

"아직이오."

"곧 점심이니 같이 하시지요."

"감사합니다. 너무 신세를 지는 게 아닌지 모르겠습니다."

"아닙니다. 그냥 동생 집에 쉬러 오셨다고 생각하시고 편히 지내십시오."

그리고 스님은 나의 손을 마주 잡으며 다정한 눈길로 조용히 말했다.

"형님! 놓으세요. 이 손안에 있는 거 다 내려놓으세요."

스님을 따라 양지바른 조용한 방에 여장을 풀어 놓고 잠시 후 점심 공양을 한 후 스님과 그간에 있었던 이런저런 일들을 이야기하며 차를 한 잔씩 나누었다.

"그럼 편히 쉬십시오. 저는 요 밑에 일이 좀 있어서 내려가 봐야 하겠습니다. 아마 늦어야 돌아올 수 있을 겁니다. 기다리지 마시고 저녁 공양(供養)하시고 주무십시오. 힘들고 피곤하실 텐데.

아! 그리고 뒤뜰에 해놓은 나무가 제법 있으니 언제든지 쓰십시오. 오신다는 소식 듣고 불을 좀 지펴놓기는 했습니다만."

"예, 알겠습니다. 감사합니다."

스님께서 출타하신 후 나는 경내를 한 바퀴 돌아보았다. 경내라고 해보았자 자그마하고 아담한 대웅전(大雄殿) 하나가 있고 조금 밑에 좌우로 요사채가 한 채씩 놓여 있는 처음인데도 정이 가는 자그마한 절이었다. 그렇게 하루가 서서히 저물어 갔다. 산사(山寺)의 밤은 고즈넉했다.

아득히 들려오는 아침 예불 소리를 들으며 자리에서 일어나 방문을 열고 나오니 아직 여명(黎明)도 없는 이른 새벽녘. 산사에 조용히 울려 퍼지는 스님의 예불 소리는 서서히 하늘이 열리고, 산이 바뀌고, 세상이 바뀌고 모두를 일깨우는 듯했었다. 나는 조용히 대웅전 안으로 들어가 구석에 자리를 잡고 앉았다. 그리고 눈을 감은 체 모든 번뇌를 내려놓으려고 애를 써 보았지만, 머릿속에는 온갖 잡다한 근심 걱정들이 떠나지를 않았었다.

"처사님, 전화 왔습니다."

스님은 출타하시고 아침 공양 설거지를 하던 공양주 아주머니가 나에게 전화를 넘겨주며 말했다.

나는 수원역 개찰구를 빠져나오는 초췌한 아내 모습에서 그동안 힘들었던 세월을 짐작할 수 있었다. 우리는 아무 말도 하지 못하고 그냥 서로 바라만 보았다. 그리고는 다시 차를 타고 온양으로 가 묵을 곳을 정하고 저녁을 먹은 후 숙소로 돌아와 목욕하고 누웠다. 품에 안긴 아내의 눈에서는 조용히 눈물이 흐르고 그 모습을 바라보고 있는 내 가슴은 미어질 듯해서 아무 말도 할 수가 없었다. 그냥 우리는 한동안을 그렇게 있었다.

그렇게 하루를 보내고 아침 식사를 한 후 나는 아내를 고속버스에 태워 서울로 보내면서 다음을 기약했다.

"지금은 짧은 만남으로 우리가 다시 헤어져야 하지만 머지않아 우리는 틀림없이 옛날로 돌아가 보다 더 행복한 삶을 살아갈 수 있어. 왜냐하면, 자신이 있으니까."

대웅전 밖으로 스님의 저녁 예불 소리가 산사를 감돌아 산속을 가로질러 고요히 울려 퍼지고 있었다.

'한겨울밤, 하얗게 쏟아져 내리는 달빛이 이렇게도 아름다운데 대웅전 문설주를 타고 흘러나오는 스님의 목탁 소리는 얼마나 굽이굽이 서려 있는 중생들의 한을 풀어주려고 저토록 낭랑하게 울려 퍼지고 있는 것일까. 이 몸 뼛속 깊이 절여 오는 외로움을 달래 주려 함인가. 다 부질없는 것을. 오늘따라 스님 염불 소리에 이 몸은 그리움에 뼈가 아리고, 조용히 감은 눈가에는 이슬만 맺힌다. 업이런가.'

저녁 예불이 끝나고 찻잔에 차를 한 잔씩 따라놓고 스님과 마주 앉았다.

그리고는 이런저런 이야기 끝에 그동안 당면한 현실을 잊기 위해 읽어온 몇 권의 책 이야기도 했다.

"외로움이란 게 도저히 견딜 수 없을 만큼 사람을 힘들게 하기는 하나 봐요. 지난번 진주에 있을 때 해인사에 갔다가 우연히 이향봉 스님의 『무엇이 이 외로움을 이기게 하는가』라는 책을 사서 읽게 되있는데, 공감이 가는 데가 많아 가슴앓이하면서 읽었지요."

"그거 다 글쟁이들이 책 팔아먹으려고 하는 소리에요."

"…."

"외로움이란, 형님께서 말씀하신 것처럼 그렇게 뼈를 깎는 듯이 아픈 것도 견딜 수 없이 괴로운 것도 아닙니다."

"…."

그리고 스님은 찻잔을 앞으로 조용히 당겼다 슬며시 밀면서 말을 이었다.

"외로움이란, 이렇게 무겁게 오는 것을 이렇게 가볍게 보내야 하는 것이지요. 외로움이란 바로 그렇게 할 수밖에 없는 모든 衆生(중생)의 業(업)인 것입니다. 형님 그냥 지긋이 밀어내세요."

스님과의 이야기 속에 산사의 겨울밤은 그렇게 서서히 깊어만 가고 있었다.

아침 예불 소리에 잠을 깨고 일어나 대략 방 정리를 한 후 세수를 하고 아침 공양을 하면 산사의 하루가 시작된다. 산에 올라가서 땔감을 하고 아래 암자에 기거하는 비구니 스님과 차를 몰고 나가 장을 보고 텃밭에 나가 봄 동도 캐고, 그사이 새로 이사를 한 집에 전화가 들어와서 아내와 통화도 하면서 그런대로 분주하게 며칠을 보냈았다. 하지만 처제기 히고 있는 회사에 근무하면서 사람들의 눈을 피해 아이들과 함께하는 생활이 어떻겠는가. 전화 속으로 들려오는 아내의 목소리에는 절망이 묻어나고 그럴 때마다 내 가슴은 까맣게 타들어 갔다.

배낭을 메고 나는 아들과 산길을 걷고 있었다. 무슨 말을 그렇게 끝도 없이 주고받으며 겨울답지 않은 포근한 햇살을 듬뿍 안고 황톳길 오솔길을 따라 앞으로 며칠을 묵을 요량으로 무봉산 봉림사를 향해 정답게 두 부자(夫子)가 걷고 있었다.

  잠시 후 숙소에 여장을 풀고 휴식을 취한 뒤 저녁 공양을 마치고 어둠이 짙게 깔린 숙소 모퉁이를 돌아 아궁이에 장작을 한 아름 넣고 불을 지피니 금세 방 아랫목이 따듯해 왔다. 그렇게 부자는 산사에서 세밑을 보냈다. 그리고 다음 날 아내와 딸이 함께하면서 그런대로 송구영신, 다행히 가족이 한데 모여 한 해를 보낼수 있었다. 나는 올 때 사 가지고 온 라면을 끓여 나누어 먹으면서 소주도 한잔 걸쳤다. 힘들지만 그래도 오랜만에 맛보는 행복이었다.

  "너무너무 힘들고 서럽고 그럴 거다. 하지만 건강하고 바르게 자라다오. 무슨 일이 있어도 아빠가 너희들은 책임진다. 아무 걱정하지 말고 더욱더 열심히 공부하고 기죽지 마라. 우리는 틀림없이 다시 일어선다. 그리고 여보, 희망을 가지고 새해를 맞이합시다. 내가 꼭 해낼게."

  그렇게 나는 고즈닉한 산사에서 가속과 함께 힘들고 고달팠던 한 해를 마무리하고 있었다.

  "그래 다시 진주로 가자. 가서 죽이 되든 밥이 되든 어떻게 한번 해보자."

  다음날 가족을 보내고 띠날 준비를 하느라 이것저것 정리를 하다 보니 스님의 점심 예불 소리가 목탁 소리와 어울려 적막한 산사를 감돌아 겨울 숲속으로 은은히 퍼져 나가고 있었다. 나는 대웅전으로 들어가 몇 번인지 모를 만큼 엎드려 절을 하고 조용히 꿇어앉았다.

"부처님, 이 죄 많은 몸 아직도 당신의 그 넓으신 자비(慈悲)와 가르침을 깨닫지 못한 채 많은 번뇌와 고통을 안고 이렇게 떠납니다. 떠나는 발길이 언제 어느 곳에 어떻게 닿아 머물지 모르오나 부디 부처님의 대자대비(大慈大悲)하심이 저를 돌보시어 이 많은 번뇌와 고통의 깊은 시련을 벗고 저 뜰 안에 가득 넘쳐흐르는 햇살처럼 평화롭게 하여 주소서. 그리하여 착한 제 아내와 예쁘고 순박한 제 아이들과 더불어 온 식구가 당신의 대자대비하신 가르침 속에서 숨 쉬며 살게 하여 주소서."

나는 그렇게 몇 번이고 절을 하면서 빌고 또 빌었다.

겨울답지 않은 따뜻한 햇살이 석탑을 돌아 잔디가 깔린 봉림사 뜰 안을 가득 채우고 내 눈에는 이슬이 햇빛을 받아 빛났다. 그리고 서러움에 나는 어깨가 저리고 그 슬픔이 겨드랑이를 타고 내려와 가슴까지 아파 왔다.

3

을씨년스럽게 오후부터 겨울비가 내리기 시작했다.

비를 맞으며 한동안 걷다가 촉석루 입구 공중전화로 가서 처남에게 전화를 걸었다.

"처남, 미안해 정말 면목이 없어."

"어, 그래 어디야?"

"그냥 여기저기…."

"뭘 그러고 있어. 빨리 와, 여기 와서 내 일이나 거들어."

나는 처남과 나이가 한 살 차이여서 처음부터 처남의 제의로 말을 놓고 지내는 사이였다. 처남은 무척 강인하고 매사에 매우 추진력이 강한 전형적인 자수성가형의 사업가였다. 조그만 가내업을 하는 아버지 그리고 거기 기대어 힘들게 살아가는 여덟 식구들, 그는 그 고통스러운 가난에서 벗어나기 위해 고등학교에

다닐 때나 군에 가서 휴가를 나왔을 때에도 돈이 되는 일이라면 닥치는 대로 했다. 그는 타고난 장사꾼이었다. 그는 군에서 제대하고 다음 날부터 장사꾼의 관문인 청계천 상가로 뛰어들었다. 그리고 그의 타고난 기질과 무서운 집념은 그때의 시대적인 상황과 맞물려 그에게 많은 부를 안겨 주었다. 하지만 처남은 그냥 장사꾼일 뿐이었다. 장사꾼과 사업가의 벽, 처남은 결국 그 벽을 넘을 수가 없는지 지난 몇 년의 세월을 지지부진하며 부천 변두리에서 조그만 보일러 공장을 하고 있었다.

내가 부도를 내면서 어찌 처남에겐들 피해를 주지 않았겠는가.

어떻든 당시 나는 이미 처남에게로 갈 수밖에 없는 상황이었다. 경제범으로 기소가 중지되어 있는 상태에서 어디서 무엇을 하겠는가. 그냥 거기 가서 당분간 숨어 지내면서 조금이라도 안정되면 값을 치르고 무어라도 하는 것이 이미 정해진 수순이었다.

그리고 나는 오래전에 이미 처남과 한 번 일을 한 적도 있었다. 내가 대학을 졸업하고 다니던 좋은 직장을 그만두고 나온 것도 처남이 함께 사업을 해 보자는 권유에 따른 것이었다. 그리고 얼마 후 처남과 결별한 다음 나 나름대로의 길을 걷다가 우여곡절 끝에 지금에 이르게 되었지만 그래도 한때는 처남이 부를 축적하는 데 그 시절 나름대로 한몫하기도 했다. 처남과의 인연이 마치 피할 수 없는 운명처럼 느껴졌다.

그렇게 처남과 통화를 하는 사이에 빗줄기는 조금씩 눈으로 바뀌어 내리고 있었다.

촉석루 공원으로 오르는 길에 조금씩 눈이 쌓이고 무심히 흐르는 남강 물은 그 옛날 철없던 어린 시절에 외할아버지와 모래배를 타고 고기를 잡던 시절의 강은 이미 아니었다.

'그렇게 정다웠던 강이 어쩌면 저렇게 낯설 수가 있을까.'

"잠이 안 와?"

"그러네요."

나는 얼마 전 진주를 떠나 처남이 운영하고 있는 보일러 공장 부근에 겨우 한 사람이 움직일 수 있는 부엌, 그리고 허리를 구부려야 들어갈 수 있는 작은 문이 달린 방 하나를 얻어 자취하면서 처남의 일을 거들고 있었다.

마침 구정 연휴를 맞아 아내가 와서 오랜만의 해후를 하게 된 것이었다.

"하는 일은 힘들지 않아? '

나는 아내가 안쓰럽고 또 안쓰러웠다. 그리고 아내를 그렇게 그의 동생에게 가서 일하게 한 자괴감으로 밤새도록 잠을 이룰 수가 없었다.

"그냥 그렇지, 뭐."

"미안해. 정말 미안해."

나는 아내를 꼭 안았다. 그리고 내 눈에는 조용히 이슬이 맺혔다.

"괜찮아요. 앞으로 잘 되겠지 뭐. 몸조심하고, 술 많이 먹지 말고."

나는 말없이 고개만 끄덕였다.

"애들은 어때, 몹시 힘들 텐데."

"얼마 전에 큰애한테 누가 와서 당신에 대해서 꼬치꼬치 묻더래요. 그래서 모른다고 하면서 뛰어서 몇 시간을 헤매다가 밤이 늦어서야 집에 왔더라고요."

"…."

"그다음부터는 학교가 끝나고 담을 넘어 다닌대요. 그래도 작은애한테는 다행히 찾아오지 않았는가 봐요."

"아비 잘못 만나서 애들 고생이 많구나."

고2, 중3, 큰애는 아들이고 작은아이는 딸이다. 한참 매사에 예민한 나이의 아이들에게 그것도 대학 입시를 앞두고 한창 공부에 열중해야 할 큰아이에게는 감당하기 벅찬 너무 힘든 일을 겪고 있는 것이었다. 애처롭고 안쓰럽고 미안한 마음에 나는 가슴이 미어져 왔다.

"큰 녀석 성적이 많이 떨어졌겠지?"

"저 딴에는 열심히 한다고 하는데, 아무래도 이런 상황에 공부가 되겠어요? 걱정이에요."

"작은 녀석은? 아직 좀 어리기는 하지만 계집아이라서 더 마음이 쓰이."

그리고 한동안 우리는 말이 없었다. 잠시 후 아내가 한숨을 내쉬며 말했다.

"아무도 들여다보지 않아요. 얼마 전에는 가게 일이 바빠서 좀 늦게 집에 들어갔더니 둘이서 라면을 끓여 먹고 있더라고요. 아이들에게 내색은 할 수 없고 그날 밤 속이 상해 한숨도 못 잤어요. 쫓기고, 힘들어지니까 주위에 아무도 없더라고요. 정말 매정한 세상이에요."

그렇다. 세월이 가면서 점점 살기가 힘들어지는 세상에, 그래서 모두가 이기적일 수밖에 없는 이 모진 현실 속에서 누구에게 무엇을 기대할 수 있겠는가.

그렇게 구정 연휴가 끝나고 나서 나는 불안하고 힘든 미래를 그대로 등에 진 채 또다시 회사로 무겁게 발걸음을 옮겨야 했다.

처남은 지난 세월을 아는 사람이면 누구나 다 인정할 만큼 열심히 살아온 사람이다. 그래서 어느 정도 부를 축적했고, 당시에도 그는 일 이외에는 아무것도 낙이 없는 사람이었다. 좀 있다는 사람들이면 대부분이 휘두르는 골프채도 없었고, 그렇다고 고급 술집에 가서 흥청거리는 일도 없었다. 기껏해야 동네 조그만 구멍가게 앞 간이탁자에 앉아 오징어포에 맥주 몇 병 들이키는 게 고작인 그런 사람이었다. 오래전 장사를 해보겠다며 청계천 상가에 발을 디딘 후 지금까지 한 눈 한 번 팔지 않고 옆에 끼고 살아온 보일러는 그의 전부였고, 자존심이었다. 하지만 그가 알고 있는 보일러의 모든 것은 그냥 경험에 의한 것이었을 뿐 학술적인 것은 아니었다. 처남도 항상 그것이 불안했다. 그래서 사업을 하다가 실패하고 다시 돌아온 나에게 많은 기대를 걸었을 것이다. 그래도 나름대로 공대를 나왔으니까 그로서 갖지 못한 기업가로서의 체계를 기대했을 것이었다. 그리고 기소가 중지되어 쫓기고 있는 내가 그 회사를 떠나 아무것도 할 수 없을 것이라는 현실이 처남에게는 담보로 작용했을 법도 했다. 어떻든 그 회사는 후반으로 가고 있는 내 인생의 마지막을 걸고 기사회생을 꿈꿀 수 있었던 유일한 희망이었다.

하지만 회사는 모든 정열을 다 바쳐 전력투구하는 처남의 뜻대로 그렇게 움직여주지 않았을 뿐 아니라 날이 갈수록 스스로를 지탱해 나가기에도 점점 힘들어 가기만 했다. 그러나 모든 것을 주관하는 처남의 경영 속에 나는 어디에도 뛰어들 틈이 없었다.

그런 가운데 봄이 가고 계절이 바뀌면서 나는 가끔 숨을 쉴 수가 없었다. 그리고 그 빈도가 조금씩 심해져 갔다.
"X선 사진상으로는 별 이상이 없습니다. 혈압도 정상이고."
의사가 나를 쳐다보고 고개를 갸우뚱거리며 말했다.
"정신과 쪽으로 한번 가 보세요. 힘든 세월을 겪는 사람들에게 흔히 나타날 수 있는 증상입니다."
병원을 나와 주위를 한 바퀴 둘러보니 길 건너편에 정신과 의원이 하나 있었다.
"많이 힘드시겠습니다. 선생님 같은 경우에 흔히 나타나는 스트레스성 질환 같습니다. 약을 일주일 치 드릴 테니 잡수시고 경과를 보지요. 그보디 마음을 편하게 갖도록 노력하는 게 중요합니다."
의사는 한동안 사업을 하다 실패하고 힘들게 살아가고 있다는 내 푸념을 다 듣고 난 후 약을 처방해주었다.
"이것은 주무시기 전에 그리고 이것은 아침 식사 후에 드세요. 그리고 일주일 후에 다시 오세요."

나는 간호사로부터 설명과 함께 약을 받아 들고 병원 문을 나섰다.

"그래 그럴 거야. 이렇게 사면초가인데 그렇지 않을 수가 없지."

언제 어떻게 잡혀갈지 모르는 불안한 삶, 그동안 힘들게 끌고 왔던 사업을 다시 일으키기 위해 끝없이 닦달하는 처남, 고생하는 아내, 아무 잘못도 없이 불안하고 힘든 삶을 살아가야 하는 아이들, 내게 다가온 호흡 곤란이 어쩌면 당연한지도 몰랐다.

녹아 흘러내릴 것 같은 아스팔트 위로 훅~ 하고 내뿜는 더운 열기가 가뜩이나 답답한 가슴을 더욱 조여 오고 있었다. 어디선가 누가 "신분증 좀 봅시다." 하고 나타날 것 같기도 한 불안한 현실, 더구나 가족들을 만나는 일은 엄두도 낼 수 없는 햇볕이 따가운 한여름 주말의 오후는 나를 죽음으로 내몰고 있는 듯했다.

그렇게 한동안 정신신경과에서 준 약을 복용해가면서 어려운 세월을 살았다. 그 후로도 삼십여 년 동안의 끝없는 인생유전(人生流轉)을 거치면서 지금까지도 때로는 몇 년씩 그곳 신세를 지기도 한다.

돌이켜 보면 참으로 고되고 오랜 인고(忍苦)의 세월이었다.

처서가 지나고 경칩을 앞두면서 아침저녁으로 제법 찬바람이 선선했다. 오랜만에 마음의 휴식도 취할 겸 하여 트럭을 몰고 서해안 남양만을 찾았었다.

이젤 위에 캠퍼스를 올려놓고 그림을 그리는 둥 마는 둥 한동안 물감을 칠하다가 화구를 접었다. 그리고는 타고 온 트럭을 몰고 봉림사로 향했다. 황톳길을 따라 봉림사로 향하는 길은 한여름 동안 뜨거운 햇볕을 받아 잘 익은 작물들이 마지막 결실을 향해 안간힘을 쓰고 있었다. 하지만 찾아간 봉림사에는 스님도, 비구니 여스님도, 공양주 아주머니도 없었고 낯선 스님 한 분이 나를 맞아 주었다.

"일화 스님께서는 익산에 있는 부암사 주지를 맡아 얼마 전에 떠나셨습니다."

"…."

"오셨으니 저녁 공양이나 하고 가시지요."

"아닙니다. 점심을 늦게 해서요."

사실은 배가 조금 출출하기는 했지만, 일화 스님도 없는 절에 더 머무르기가 싫었다. 그래서 애써 사양을 한 후 합장을 하며 작별 인사를 했다.

"스님, 안녕히 계십시오."

"예, 그럼 살펴 가십시오. 나무아미타불 관세음보살."

그리고 스님은 대웅전 안으로 들어가셨다. 곧 저녁 예불이 있는 모양이었다.

언제까시나 그 자리에 있어 주었으면 하는 것들이 세월이 가면서 사라져 가고 낯선 것들로 채워지면서 우리는 늘 허전해하고 그에 대해 그리움으로 몸살을 앓는다.

"이렇게 한동안 세월이 흘러가면 또 모든 것이 다 변하겠지?"

나는 대웅전 앞뜰에 서서 잠시 하늘을 바라보았다. 하늘은 잔뜩 찌푸리고 있었다.

"그래, 계속 이렇게 살아갈 수는 없어. 값을 치러야 해. 그래야 무엇을 하더라도 할 수가 있고 그래야 내 식구들도 돌볼 수가 있지. 지금으로서는 앞이 보이지를 않아."

나는 서서히 경내를 한 바퀴 돌아본 후 밖으로 나와 차를 몰았다. 부천으로 돌아오는 내 마음은 몹시도 착잡하고 복잡했다.

어둠이 깊숙이 내리깔리고 있는 시간에 외등 하나가 뿌옇게 어둠을 밝히고 있는 좁다란 어귀를 돌아 채마밭 옆 공터에 차를 세우고 숙소에 들어가니 연탄불은 꺼져 있었고 방은 다 식은 채 냉방이었다. 서둘러 불을 피우고 방에 온기가 돌기를 기다리며 우두커니 서서 조그마하게 뚫려있는 창밖을 내다보니 서럽기도 하고 무섭기도 하고….

무거운 발걸음으로 숙소에서 회사로, 그러고는 이리저리 뛰어다니면서 직원들과 하루를 보내고 모두 퇴근을 시키고 나면 나와 환갑이 지나 거의 물이 다 빠진 박 이사, 그리고 나와 거의 같은 처지의 영어를 매우 잘하는 홍 전무 외 간부사원이 모였다. 홍 전무는 S 대학교 상대를 중퇴하고 군에 입대해서 고급장교를 지냈다. 그렇게 모여 이것저것 회사 걱정을 하다가 한참 서성이던 사장이 퇴근하면 지친 몸을 이끌고 다시 숙소로 돌아가는 세월이 아무 의미도 없이 숨 가쁘게 흘러가고 있었다. 그러나 회사는 도무지 희망이 보이질 않는 가운데 그렇게 찌는 듯한 여름이 가고 게짙은 가을 깊숙이 들어서고 있었다.

보일러가 그렇게 썩 잘 팔리는 것도 아니고 그렇다고 재고가 없는 것도 아니지만 다가오는 성수기를 앞두고 처남은 더 많은 재고를 쌓기 위해 생산에 박차를 가했다. 그 옛날 청계천에서 일취월장하던 시절로의 회귀를 꿈꾸며. 우선 수도권 공업고등학교에서 실습생을 요청해서 삼십여 명을 데려왔다. 그리고 거의 매일 야근을 하다시피 하면서 작업은 추석 바로 전날 저녁까지 이어졌다. 다음 날이 추석이라 저녁까지 일을 시킨 다음에 먼 곳에 집이 있는 실습생들은 집에까지 데려다줘야 했다. 십여 명의 실습생들을 봉고차에 태우고 나는 차에 올라 핸들을 잡았다.

4

차는 회사를 빠져나와 수원 평택을 지나 충남 보령을 목적지로 해서 내달리고 있었다. 그리고 한참을 달려 차가 칠흑 같은 어둠을 뚫고 충남 홍성을 지날 때는 자정을 조금 넘긴 시간이었다.
"잠시 검문이 있겠습니다. 면허증 좀 보여주십시오."
드디어 회사를 떠날 때부터 예상했던 순간이 온 것이었다.
'그래, 시작이야. 이제부터 내가 어떻게 될지는 모르겠지만 결국은 가아 힐 길이니까 가 보자. 처남, 내 가족들 잘 좀 부탁한다. 다녀와서 최선을 다해 열심히 일해서 신세를 갚도록 할게.'
검문하는 경찰에게 면허증을 건네주고 나서 나는 모든 것을 체념한 채 눈을 감았다. 피곤이 몰려오면서 지난 열 달 동안의 힘들었던 세월들이 꿈을 꾸는 듯 스쳐 갔다.
'아, 지난 채 일 년도 인 되있던 세월이 십 년은 된 것 같구나. 그나저나 이제부터 나는 어떻게 될까.'

경찰이 무전기로 내 주민등록 번호를 부르고 잠시 후 운전대 밑에 꼽혀있는 자동차 키를 뽑으며 말했다.

"잠시 내리십시오."

나는 조용히 차에서 내리면서 하늘을 쳐다보았다. 추석(秋夕)을 맞은 보름달이 싸늘한 가을 하늘로 뻗어 올라간 나뭇가지 사이로 밝게 빛나고 주위에는 별들이 마치 은가루를 뿌려 놓은 듯했다. 그리고 얼마 후 나는 난생처음 경찰서 유치장이라는 곳에 갇히는 신세가 되고 말았다.

"아, 결국 여기까지 오고 말았구나."

경찰서에서 배려해주는 군용 담요를 깔고 나는 유치장에 쭈그리고 앉아 내가 앞으로 어떻게 될 것인가를 생각했다. 그리고 나는 내가 이렇게 차가운 바닥에 앉아 몇 년을 있을지도 모른다는 생각에 몸을 떨었다. 그리고 조금 전 전화 속으로 들려오던 피를 토하는 듯했던 아내의 절규(絶叫)가 메아리처럼 나의 귓전을 맴돌고 사슴처럼 슬픈 아이들의 눈망울이 떠올라 망연자실 절망감 속으로 빠져들어 갔다. 아무 연고도 없는 충남 홍성의 경찰서, 시월의 유치장 안은 몹시도 춥고 유난히도 을씨년스러웠다.

"제가 여기 얼마나 있어야 합니까."

"추석 연휴가 돼나서 한 삼일은 여기 있어야 할 거요."

당직을 서고 있는 경찰이 딱하다는 듯 쳐다보며 대답했다.

그런 가운데 나는 모포를 끌어안고 서서히 잠속으로 빠져들어 갔다. 그리고 얼마 후, 무언가 소란스러운 소리에 어렴풋이 눈을 뜨니, 아내를 비롯해서 처남 그리고 회사 박 이사가 망연자실 나를 내려다보고 서 있었다.

 면회가 끝나고 나서 그들이 돌아간 후 다시 경찰서 안은 고요했다.

 "여보, 미안하오. 그러지 말아야 하는데 자꾸만 당신을 힘들게 만드는구려. 하지만 어떻게 하겠소! 이것밖에 방법이 없는걸. 정말 미안하오."

 조금 전 무척 원망스러운 표정으로 나를 바라보던 아내의 모습이 떠올라 가슴이 무너져 내렸다.

 불안하고 답답한 가운데 연휴 사흘이 지나고 서울 영등포 경찰서에서 형사 한 사람이 내려와 나를 불렀다. 그리고는 매서운 눈으로 나를 쳐다보며 말했다.

 "나는 웬만하면 수갑을 채우지 않는데 당신은 액수가 너무 커."

 그러고는 내 손목을 차례로 잡고 수갑을 채운 다음 간단히 서류를 작성한 후 나를 데리고 홍성경찰서 문을 나섰다. 손목에 수갑을 차고 형사에 이끌려 경찰서 문을 나서는 내 초라한 모습이 어떠했겠는가, 무모하고 대책 없이 살아온 삶의 대가가 이렇게 엄청날 수 있다는 게 믿어지지 않았다. 홍성경찰서 앞거리에는 때마침 시골장이 서 있었다. 좌판을 벌여놓은 많은 장사꾼 그리고 장 보러 나온 사람들로 거리는 떠들썩했다. 그들은 대낮에 수갑을 차고 초라하기 그지없는 모습으로 형사의 손에 이끌려 경찰서 문을 나서는 나를 벌레 보듯이 쳐다보았다. 마치 형장으로 끌려가는 사형수 같은 생각에 정신이 아득했다. 거기다 나를 데리러 온 형사는 차도 없는 듯했다.

"어떻게 가는 겁니까?"

"가까이 홍성역이 있으니까 거기 가서 기차를 탑시다."

아득했다. 수갑을 차고 많은 사람의 구경거리가 된 채 걸어서 홍성역으로 가서 또 기차를 타고 영등포역엘 내려….

아무리 죽을죄를 지었어도 이건 아니지 싶었다.

"나한테 돈이 좀 있으니 택시를 탑시다."

"꽤 많이 나올 텐데."

"그 정도는 있으니까 탑시다."

그리고 나는 서둘러 지나가는 택시를 잡아탔다. 택시 기사가 백미러를 통해 측은한 눈으로 나를 바라보았다. 택시는 속력을 내며 국도를 타고 예산을 지나 서울로 달렸다. 살아가면서 몇 번은 이런저런 위기를 맞는다고 한다. 하지만 위기도 위기 나름이지 어떻게 이렇게까지 내몰릴 수 있단 말인가. 무서웠다. 몸서리가 처지도록 무섭기만 했다.

삶은 연습이 없다. 그래서 하루하루를 신중하게 살아가야 한다. '설마, 어떻게 되겠지, 지금까지 별일 없이 잘 살아왔잖아' 하는 안일한 생각이 끝내는 사람을 돌이킬 수 없는 참담한 상황으로 내몰리게 할 수가 있다는 것을 우리는 유념하면서 살아가야 한다. 세상은 냉정하고 그 냉정한 세상 속을 살아가면서 저질러 놓는 우리들의 행동은 거기에 수반한 무한한 책임을 요구한다. 삶은 신비롭고 때로는 황홀하기도 하지만 거기에는 대가가 따른다. 좋으면 나쁠 수 있고, 행복하면 그만큼 불행할 수도 있다.

영등포 경찰서에 도착해서 나는 담당 형사에게 넘겨지고 조서를 작성한 후 유치장에 갇혔다.

영등포 경찰서 유치장은 그야말로 아수라장 그대로였다.

술 먹고 행패를 부리다가 끌려온 사람을 비롯해서 사기꾼, 무전취식, 폭력배, 풍기문란, 별의별 범법자들이 뒤엉켜 밤새도록 소리를 지르고, 욕을 하고, 아무 데나 침을 뱉고, 지린내가 진동했다.

"어떻게 이렇게 되도록 그 많은 세월을 도대체 무슨 생각을 하면서 살아온 거야."

유치장 한구석에 쭈그리고 앉아 무릎에 머리를 얹고 마치 남처럼 나는 나에게 물었다.

얼마가 될지 모르겠지만, 그때까지 내가 살아오면서 저질러 놓은 죄의 값을 치르기 시작하는 그 시작점에 서 있었다.

"그래, 치르자! 치러야 할 죗값이라면 치르고 그다음의 삶은 절대 실수하지 말고 제대로 한번 살아보자."

사람은 누구나 실수를 한다. 하지만 실수는 그냥 실수로 마무리돼야지, 계속 눈덩이처럼 커져서 큰 사건이 되어버리면 다시 되돌리기에 엄청난 희생이 따르게 마련이다. 미국과 중국의 교역이 이루어지고 거래처가 중국으로 눈을 돌리기 시작했을 때 빨리 정리했어야 했다. 어차피 요새 말로 '쿨하게' 정리가 안 되더라도 그냥 매를 빨리 맞아버렸으면 이렇게까지는 되지 않았을 텐데 하는 후회가 가슴속에 사무쳐 왔지만 그렇게 하기에는 내 마음이 그렇게 모질지를 못했다. 그리고 정리를 한 후에 한참 자라나는 자식들과 내 아내, 한솥밥을 먹고 있는 두 동생을 생각하면 도무지 차선책이 없었다. 그래서 이러지도 저러지도 못한 채 전전긍긍 세월을 보내고 나니 자신도 모르게 깊은 수렁으로 빠져들게 되어버린 것이었다. 사업이라는 게 전쟁이었다. 그것도 많은 식구를 거느리고 또 다른 집단들과 싸우면서 생존해 간다는 게 생각처럼 그렇게 만만치가 않았다. 그러기에 나에게는 사회적인 배경도, 강인한 정신력도, 뚜렷한 실력도 그리고 두둑한 배짱마저도 없었다.

만약 미국과 중국의 통상이 한 십 년만 늦게 이루어졌다면 하는 가정도 할 수 있지만 그건 어디까지나 가정일 뿐이다. 세상은 예측할 수 없는 일들이 자고 나면 생겨나고 그런 틈바구니 속에서 우리는 살아가고 있다. 그래서 순발력이 필요하고 항상 위기에 대비해야 한다. 결국, 나는 처음부터 되지도 않는 벅찬 짐을 무리하게 만들어서 지고 그동안을 살아왔다.

며칠 후 영등포 경찰서에서 검찰청으로 옮겨져 검사로부터 조사를 받고 뒤짐차에 실려 고척동 구치소에 도착했을 때는 제법 밤이 깊어서였다. 기다란 구둣주걱 같은 것을 든 교도관이 붉게 빛나는 눈초리로 구치소 안의 규칙과 주의사항을 마치 책을 읽듯이 읽어 나갔다. 그리고는 잠시 후 교도관은 스무 명 남짓 되는 죄수를 마치 바둑판 위에 바둑돌처럼 주욱 세워놓고 모두를 발가벗긴 다음 그 기다란 구둣주걱 같은 것을 가지고 마치 기계 같은 동작으로 항문을 쑤시고 머리카락을 헤쳐 대는가 하면 입속도 구석구석 조사를 했다. 아마 마약이나 기타 소지해서는 안 될 물건을 조사하는 것 같았다. 나를 비롯한 일행들은 이미 사람이 아니었다.

잠시 후 푸른 죄수복으로 갈아입고 바닥에 쭈그리고 앉아 대강 식사를 한 다음 기소가 될 때까지 임시로 머무르는 대기 방이라는 곳으로 들어갔다.

대기 방 앞에는 말썽을 부린 재소자들을 가두어 놓는 소위 독방이라는 곳이 있는데 한 사람 겨우 누울 수 있는 좁은 공간으로 되어있었다. 무슨 연유인지는 모르겠지만, 거기에는 수갑을 찬 채로 온몸에 문신한 수감자들이 밤새도록 소리를 질러대고 있었다. 그런 가운데 지칠 대로 지친 나는 모포 하나를 뒤집어쓰고 수감자 번호가 붙은 소독약 냄새가 진동하는 푸른 죄수복을 둘둘 말아 베개로 하고 그 와중에도 어쩔 수 없이 잠속으로 빠져들어 가고 있었다.

수많은 사람이 이 세상에 태어나서 각자 다른 환경 속에 다른 체험을 하면서 일정한 세월을 살다가 결국은 몸과 마음이 병들고 그로 인해 힘들어하다가 예외 없이 생을 마감하고 모두 간다. 어차피 그렇게 한세상 살다가 바람처럼 가야 하는 삶이라면 이곳저곳 휘둘러보는 것도 나쁘지는 않을 거다. 하지만 다른 곳은 한 번쯤 다 둘러보더라도 여기만은 들리시 말아야 한다. 어떻게 한세상을 후회 없이 만족하면서 살아갈 수야 있겠는가. 살아가면서 여기저기 굴곡진 곳이 있고 악마로부터의 유혹도 있는가 하면 여러 가지의 위험도 곳곳에 도사리고 있다. 이 모든 것을 피해서 무난하게 세상을 살아가는 게 그렇게 간단한 일은 아닐 거다. 하지만 여기만은 절대 오지 말아야 한다.

그렇게 며칠이 지나고 나는 드디어 기소되어 기결방이라는 곳으로 넘어갔다. 아마 사건에 대한 서류가 검찰에서 검토가 끝나고 법원으로 넘어가는 것을 말하는 것 같았다. 말하자면 본격적으로 죄수 생활을 시작하게 된 것이다. 4동 상 3방 그 방은 주로 경제범들이 모여 있는 방이었다. 강간범도 간혹 섞여 있고, 유부녀와 간통하고 몇천만 원을 둥쳐먹은 늙은 제비, 퇴폐 이발소를 운영하다 잡혀 온 이발소 주인, 그리고 부동산 사기꾼 같은 사람들도 섞여 있는 방이지만 다행히 다른 방에 비해서는 분위기가 괜찮은 방이었다.

그중에 완구 사업을 하다가 실패를 하고 경제범으로 잡혀 들어온 사람이 있었다. 그는 재소자들이 심심풀이로 들여온 잡지책들을 매일같이 뒤지고 또 뒤지고는 했다. 그렇다고 기사를 열심히 보는 것도 아니었다.
"김 형, 매일같이 무얼 보는 거요? 기사를 보는 것도 아닌 것 같은데."
"광고요, 상품광고."
"…"

"가만히 앉아 있으면 뭐해요, 이렇게 상품광고를 보면서 이런 저런 구상을 하는 거지요. 그냥 가만히 앉아서 세월만 보내면 사회적으로 여러 가지 감각이 무디어질 것 같아서요. 죗값을 치르고 언젠가 여기를 나가면 다시 또 무언가를 해야지 않겠어요? 저도 여기 들어 온 지 얼마 안 됐지만 그동안 생각 많이 했어요. 왜 이렇게 됐는지, 뭐가 잘못돼서 이렇게 됐는지, 여길 나가면 무엇을 어떻게 해야 할지. 이제 가족을 생각해서도 다시는 실패하지 말아야지요."

사십 대 초반쯤 되었을까 한 내 또래의 그 친구는 한방 사람들과는 별로 말이 없이 그냥 그렇게 여러 잡지책을 되는대로 뒤적이거나 그렇지 않으면 벽에 기대어 눈을 감은 채 지냈다.

그렇게 무료한 시간이 흘러갔다. 그리고 며칠 후 또 한사람의 미결수가 들어왔다. 초췌한 모습이기는 했지만 어디엔가 귀한 티가 났다. 역시 내 또래의 경제사범이라고 했다.

조식을 끝내고 운동을 하고 들어와 또 무료한 시간을 보내다가 이제 분위기에 좀 익숙해진 완구사장이 물었다.

"뭐로 들어오셨어요?"

"부도를 냈어요. 무서운 세상이어요. 그렇게 믿었는데……."

그의 눈에는 눈물이 맺혔다.

자동차부품 제조업을 하다가 타 동종업체에게 납품권을 빼앗기고 또 다른 거래치를 찾아 헤매다가 결국 부도를 냈다는 거였다.

나를 비롯해서 남들은 다 면회들을 오고는 했는데 그는 변호사

이외에는 면회 오는 사람이 거의 없었다.

아직 독신이라고 했다.

그리고 그는 우리나라 최고의 명문대를 나온 사람이었다. 왜 면회 오는 사람이 없느냐고 묻고 싶었지만 괜한 일에 상처를 주고 싶지 않았다. 어느 모로 보나 나무랄 데 없는 사람인데……

"그런데 왜 아직 결혼을 안 했어요? 김 형 정도면 안할 이유가 없었을 텐데."

어느 날 무료하게 시간을 때우다 내가 물었다.

그는 잠시 머뭇거리다 얘기를 꺼냈다.

"고등학교 졸업반 때에 동갑내기 여학생을 알게 됐어요. 대학에 가면서 정식으로 사귀기 시작했지요. 부친이 조그마한 중소기업을 운영하고 있는 제법 사는 집 여러 형제 가운데 맏이였어요. 우리는 며칠 건너 한 번씩 만나서 음악 감상실로 무교동으로 명동으로 쏘다녔지요. 친구 같기도 하고 때로는 동갑내기 누나 같기도 하고 그랬어요. 정말 좋은 아이였어요.

그러다가 영장이 나와서 군대엘 갔지요.

군에 입대해서 훈련을 받을 때에도 그녀는 먼 길을 아침 일찍 일어나 기차를 타고 와이셔츠 곽에다 내가 좋아하는 먹을 것들을 싸들고 면회를 와 주었어요. 단 한 시간의 면회를 위해서 말이어요.

훈련을 마치고 서울 가까운 오산 예하부대에 배속되면서 거의 매주 서울로 외출을 오고, 데이트를 하다가 귀대 시간이 다가오면 그녀는 나를 오산까지 데려다주고 홀로 서울까지 되돌아오기도 하고는 했었어요. 서로 사랑한다는 말은 한 번도 한 적이 없었지만 지금 생각하면 그 말이 필요치 않았던 거예요.

그렇게 만나서 사귄 지 몇 년이 지났는데.

그러든 어느 날 그 아이 부친이 돌아가시고 이어서 그 다음 얼마 안 있어 어머니까지 세상을 떠났어요. 어린 나이에 갑자기 동생들이 여럿 달린 집에 가장이 되어버린 거예요. 그때가 스물서넛쯤 되었을 때 엿을 거예요. 제가 제대를 한 일 년 앞두고 있었을 때니까요. 참 답답했어요. 제대(除隊)도 해야 하고, 대학도 복학해서 졸업도 해야 하고, 취직해서 홀로 서려면 아직 멀었는데. 홀로서야 그래야 무어라도 그녀에게 해줄 수가 있는데."

세월이 제법 지난 이야기를 하면서 그는 바로 얼마 전에 겪은 일처럼 눈시울에 이슬이 맺히는 듯했다.

"그래도 우리는 평상시와 다름없이 계속 아무렇지도 않은 듯 외출을 나오면 만나고 그랬어요."

"세상 물정(物情)을 몰라서 그렇지 그래 될 일이 아인데. 그래 우에 됐소? 결국 쫑이 났지요?"

어디서나 나서기 좋아하는 퇴폐 이발소를 하다가 잡혀 온 사람이 다가오면서 물었다.

"그날도 우리는 평상시와 다름없이 다방에서 만났어요.

그 아이가 좀 머뭇거리는듯하더니 나를 바라보면서 말을 했어요.

"이 다음에 말야! 내가 늙어서 할머니가 돼서도 아마 너를 잊지는 못할 거야."

"갑자기 무슨 소리야."

결국 올 게 온 거였어요.

"나 결혼해야 할 것 같아."

무엇엔가 되게 얻어맞은 기분이었지만 믿어지지 않았어요.

"그 사람이 나보다 나아?"

"알면서 왜 그래."

그 아이가 나를 떠나간다는 게 현실 같지가 않았어요. 그냥 꿈을 꾸고 있는 것 같았지요. 그러고 나서 "나 먼저 갈!" 한마디 하고서 가버렸어요. 나는 그냥 사라져 가는 그녀 뒷모습을 바라볼 수밖에 없었어요. 무슨 말이 되는 소리를 해야죠.

그녀가 나 아닌 사람에게로 가서 무얼 어쩐다고?

꼭 악몽을 꾸고 있는 것 같았어요. 상상도 할 수 없었던 일이었거든요.

그리고는 서서히 그게 현실로 다가오면서 화가 났어요.

'야- 무슨 이런 경우가 다 있냐.'

저는 한동안을 그렇게 멍하니 그냥 다방에 앉아 그녀가 사라진 문 쪽을 바라보며 생각하니 그녀의 말이 한편으로는 이해가 가기도 했어요. 제 주제가 너무 한심하고 비참했지요. 주점에 들러 술에 절어서 집에 돌아왔어요.

그다음부터 저는 아무 여자도 믿을 수가 없었어요.

그냥 돈을 벌어야 한다는 생각밖에는 딴생각은 하지 않고 살아왔던 것 같아요.

그리고는 저를 좋아하고 있는 것 같은, 그래서 다리를 놓고 만나보자는 여자들도 더러 있었지만, 저를 떠나간 그 아이를 생각하면 모두가 그냥 알맹이 없는 쭉정이 같았어요."

"참 무슨 단편 소설 같구먼."

크게 한번 사기를 치고 제 발로 걸어 들어오다시피 한 허 회장이라는 사람이 한마디 했다.

"제대한 후 대학을 졸업하고 종합상사(綜合商社)에 취직했어요. 한 몇 년 다니니까 매일 그 일이 그 일이고 지루해 지도하고 주위를 둘러보니까 무언가 하면 되겠더라고요. 그래서 두 사람의 도움을 받아 자동차부품을 개발하고 만들어서 자동차회사에 납품했어요. 잘 되었지요. 돈도 좀 벌고. 그런데 그중의 하나가 배신을 해버린 거에요."

"글마가 돈을 갖고 날라 붓다. 그지요?"

또 이발소가 덤벼들었다.

"다른 동종 회사에다 우리 정보를 넘겨 버린 거에요. 그리고 결국은 납품권까지 빼앗아 갔어요."

"그기 말이 되나, 그놈의 새끼를 고마 감옥에 처넣지 그냥 두었소 그래." 퇴폐 이발소가 흥분했다.

"어떻게 좀 살려볼까 하고 이리저리 뛰어다니면서 몸부림을 쳐보기도 했지만 그동안 벌은 돈 다 날려버리고 사채 까지 쓰다가 이렇게 됐어요. 그리고 더 이야기하자면 길어요, 이제 그만할게요."

그는 일어서서 감방 창문 밖을 멍- 하니 내다보고 있었다.

"그래도 나가서 자리를 잡으면 좋은 사람 만나서 결혼을 하세요. 너무 늦기 전에……."

그에게 내가 말했다.

"하모, 계집이 그 가스나 하나밖에 없나 세상에 널린 게 계집이다. 사내가 그리 쪼잔해 갖고 뭣에다 쓰겠노. 사업을 한다는 사람이 그래 갖고 되긋나?" 부동산이 옆에서 거들었다.

그는 그 후 얼마 있다가 형(刑) 집행유예(執行猶豫)를 받고 석방되어 밖으로 나갔다. 밖에서 전에 같이 일하던 사람들이 준비해 놓고 기다리고 있다고 했다. 젊은 나이에 후덕(厚德)한 사람인 듯했다.

그 후 좋은 사람 만나서 가정을 이루고 지금쯤에는 인자스러운 할아버지 노릇을 하면서 평안한 노후를 보내고 있었으면 좋겠다.

매일같이 30분씩 사동마다 교대로 운동장에 나가 걷기도 하고 어떤 이는 면회를 다녀오고 그러면서 어쩌다가 공범들끼리 스쳐 지나기도 한다. 저만치서 여자 수감자가 무리에 섞여 지나가며 우리와 같은 방에서 기거하고 있는 수감자 한 사람에게 눈짓하며 알은척했다. 바로 전날 들어온 사람이었다.

"힘내세요, 잘 챙겨 먹고."

"알았어, 자기도."

좀 느끼하기도 하고, 애처롭기도 하고 그랬다.

남대문 시장에서 문구류 도매업을 하고 있다고 했다. 좀 있는 사람들이 모여 사는 강남 단독주택에는 그의 아내와 남매가 있고 외제 고급 차를 타고 다닌다고도 했다.

"매일 같이 많은 돈이 들어오고 나가고 하다 보니 하루에도 몇 번씩 은행에 다녔어요. 은행 창구 아까 그 여직원 애하고 얼굴을 매일 마주 보게 되고요. 그러다 보니 말도 놓고 일과 후에 만나서 식사도 하다 보니 정이 들더라고요. 같이 술도 마시고 그러다가 잠자리도 하게 됐는데 정신을 차릴 수가 없었어요, 어쩌다 하루를 못 보게 되면 사는 것 같지가 않았어요. 노는 날에는 마누라한테 무슨 이유든 둘러대고 둘이서 지냈지요. 착한 애에요. 아버지는 고급 공무원이고 엄마가 일찍 돌아가서 계모 밑에서 자랐대요. 어쩌다 만나서 좋아하게 된 남자와 결혼을 약속했는데 글쎄 그놈이 양다리를 걸치고 있다가 어떤 여자하고 여관에서 나오는 걸 그 아이 친구한테 들킨 거에요. 그래서 파혼을 해버리고 괴로워하던 차에 저를 만나게 된 거지요. 그 애는 우리가 형기를 마치고 여기를 나가면 같이 산다고 철석같이 믿고 있어요. 그런데…. 아까 봤지요? 무지하게 예쁘잖아요."

저 나이에, 그것도 이렇다 하는 커다란 시장 바닥에서 제법 규모 있는 사업을 한다는 사람이 저렇게 철부지일 수가 있을까 싶었다.

"그라모 잘해야재, 와 들킷노?"

"꼬리가 길면 잡히지 지기 별수 있어?"

퇴폐 이발소가 가만있지 못하고 한마디하고 남의 부동산을 가지고 사기를 치다가 잡혀 온 사람이 거들었다.

"아주머니한테 매달려서 용서를 빌고 그러면 아이들을 봐서도 이렇게까지는 안 됐을 텐데 어쩌다가 여기까지 왔어요."
내가 물었다.
"나도 그게 이상해요. 콩깍지가 씐다고 하찮아요? 난 그게 뭔가 했어요. 그런데 그게 씌우더라고요. 집사람도 좋고 아이들도 좋은데 그게 문제가 아니에요. 그 애만 있으면 다 버려도 좋을 것 같았어요. 나도 내가 왜 이러는지 모르겠어요."
눈물을 글썽이며 창밖을 내다보는 문구 사장이 애처로웠다.
"몇 개월 살고 나가면 마누라하고는 자동으로 이혼될 것이고 그러고 나서 그 가스나하고 같이 살면 되겠는데, 재산문제가 만만치 않을 끼야."
자칭 판사라는, 사기를 치다가 변호사법 위반으로 잡혀 온 사람이 점잖게 걱정을 해 주었다.
"소싯적에 몇 번 연애도 해 봤지만 이래 보기는 처음이에요."
문구 사장은 내가 보기에는 마음이 여리고 조금은 우유부단한 사람처럼 보였다. 가정을 버릴 만큼 그렇게 냉정한 사람은 아니고 구치소까지 들어오게 된 데는 어느 정도 문구 사장 아내의 남편에 대한 강한 배신감과 그의 말대로 좀처럼 벗겨질 것 같지 않은 콩깍지에 대한 절망감이 그의 아내에게 작용했을 것 같았다. 문구 사장은 다 늦게 지독한 사춘기를 겪고 있었다.
그리고 그로부터 얼마 후에 그들은 각자 집으로 갔다.

허 회장이라고 불리는 사내는 아주 예의 바르고 아는 것 많고 앉으면 책을 항상 들고 살았다. 그가 읽는 책은 대부분 고전이었고 한문 실력도 꽤 뛰어난 달필이었다. 그래서 그 방에 있는 수감자들이 법원 앞으로 보내는 반성문은 대부분 그의 손을 거친 후에 보내지고는 했었다.

"햐~ 아깝다. 길만 삐딱하게 타지 않았시모 영락없는 판 검사인데. 진짜 아깝네."

허 회장이 대신 써준 반성문을 받아들고 퇴폐 이발소가 감탄사를 연발했다.

"얼마 있다 나가면, 나 판검사 안 부러운 사람입니다."

"오호- 허 회장, 밖에 많이 꿍쳐 놨나 부내. 얼매나 꿍칫는데."

"세상 모든 것이 이 손안에 있는데 꿍치고 자시고 할 게 무어요."

허 회장이 지그시 눈을 감으면서 능청을 떨었다. 어쩌면 몇 번씩 형무소를 드나들면서 나름대로 익숙해진 몸짓이었겠지만 말이다.

"햐~ 명언이다. 허 회장 우쨋는데. 한번 들어 봅시다."

허 회장이라고 불리는 사내는 충청도 자그만 동쪽 마을을 끼고 있는 읍내에서 자전거포를 하는 부친 슬하 5남매 중에 셋째로 태어나서 초등학교와 중·고등학교를 모두 고향에서 다녔다. 그리고 학교 다니는 동안 전교에서 수석을 놓친 적이 거의 없었다고 했다. 집안에서는 물론 읍내 타성 사람들도 자전거 포집 셋째 하면 장래 큰 인물이 될 것을 의심치 않았고 모두가 그가 지나가면 존경스러운 눈으로 그를 바라보았다. 읍내 여학생들에게도 허아무개 하면 최고의 우상이었다고 했다.

"시골서 고등학교를 마치고 집안 식구들의 기대를 한몸에 받으며 서울서 제일 좋다는 대학교 법대에 시험을 보러 마침 서울에 살고 있는 고모네 집으로 시험 몇 달 전에 올라왔지요. 하지만 나를 바라보는 고모는 걱정스럽다는 표정이었어요. 시골서 아무리 공부를 잘했다 해도 그렇게 만만치가 않다는 거지. 내 딴에는 학원에도 다니면서 열심히 했지만 결국 낙방하고 재수했지요. 하지만 촌놈이 서울 와서 재수한다는 게 그렇게 쉬운 일이 아니더라고요."

집에서 한 달에 한 번씩 부쳐오는 돈, 학원이 끝나고 돌아오는 길에 정신없이 번쩍이는 네온 불빛 그리고 술집들, 당구장, 진한 화장발의 여자들은, 서울은 물론 가까운 타지에도 별로 나가 본 적이 없는 시골에서 막 상경한 젊은이를 그냥 가만두지 않았다. 차츰 술도 먹게 되고 학원 친구들과 어울려 당구도 치고 결국은 여자도 알게 됐다. 차츰 변모해가는 그의 모습에 고모가 걱정했지만, 아직 여물지 않은 시골 청년에게 적절한 제약을 주기에는 역부족이었다.

결국, 시골에서 올라오는 돈은 학원비는커녕 유흥비로도 모자라게 되었다.

"두 번 재수하고 그러다 보니까 영장이 날아오고, 실망한 아버지는 자전거포는 뒷전으로 매일 술에 절어 폐인처럼 돼 버리고. 그 양반들 단 하나의 꿈이자 희망이었던 나는 결국 세상에서 제일 불효막심한 놈이 돼 버린 거지. 제대하고 집에 돌아오니까 그래도 나한테 미련을 버리지 못한 아버지가 '이제 머리도 식혔으니까 마음잡고 다시 한번 시작해 보는 게 어떻겠냐.' 하시더라고요. 다부지게 마음을 먹고 서울로 와서 다시 시작했지. 그러다가 학원에서 전라도 김제에서 올라온 선희라는 여자애를 만났어. 시쳇말로 연애라는 걸 시작했지. 그리고 내친김에 같이 자고 먹고 공부하고 그러면 여러 가지로 좋을 것 같더라고. 그래서 저 미아리고개 언덕배기에 다 쓰러져가는 집 단칸방 하나를 얻어 동거를 시작했어. 그런데 그게 그렇게 되냐?

 집에서 올라온 돈은 생활비에 그리고 가끔 둘이서 술도 한 잔씩 하고 그러니까 그것도 만만치 않더라고. 그래서 급할 때면 고모한테 가서 아쉬운 소리를 했지. 결국은 고모를 통해 집에서 알게 됐고 아버지가 기절초풍해서 올라와 한바탕 난리를 치고는 둘이서 도망을 쳤어. 돈줄이 막히니까 어떻게 해. 그래서 남의 주머니를 들여다보게 된 것이 벌써 25년이 넘었어."

 허 회장은 말을 높였다 낮췄다 하면서 거기까지 단숨에 이야기하더니 숨을 고르는 듯 잠시 눈을 감았다.

 다른 방은 시끌시끌한데 우리 방은 허 회장의 말에 모두 심취해서 쥐 죽은 듯이 고요했다.

 "참, 허 회장님 인생도 만만치 않구먼. 그래서 첫 단추를 잘 꿰어야 해. 그게 빗나가면 다음 인생이 다 망가진다고. 그래 이번에는 누구 주머니를 들여다보다가 들어왔소?"

부동산이 나섰다.

"들여다보다가 들어온 게 아니지요."

그의 이야기는 대략 이랬다.

허 회장네 멤버는 그를 비롯해서 대여섯 명쯤 된다고 했다. 사업을 벌일 때는 우선 아이템을 정하고 거기에 걸맞은 담당 회장을 정한다. 그리고 그럴듯한 장소에 되도록 값이 싼 허름한 2층 정도의 건물을 통째로 세를 얻어서 (보증금은 적게 월세는 많게) 충분한 돈을 들여 보기 좋게 리모델링한다. 회장실, 비서실, 회의실, 쇼룸을 최대한 화려하게 꾸미고 정해진 아이템의 사진과 견본 그리고 그 품목을 만드는 공장을 찾아가 공장 전경을 찍어서 모두 자기들 것처럼 고친 다음에 그것들을 쇼룸에다 거창하게 진열하고 나면 모든 준비가 끝난다는 것이었다.

다음은 미모의 여사원을 대여섯 명 채용해서 최고급 유니폼을 맞춰 입히고 얼마간 사무원, 비서 등등 교육을 철저하게 시켜서 각자 위치에 맞도록 배치한다. 그리고 유명 일간지에 대리점 모집 광고를 낸 다음 각 지역에서 내노라는 장사꾼들이 신문 광고를 보고 몰려와 잘 꾸며진 사무실 그리고 쇼룸에 걸려있는 공장 전경, 전문가에게 의뢰해서 만들어진 로고가 붙어있는 각종 제품들을 돌아보면서 입질을 한다는 거였다. 미끼에 걸리면 최대한의 꿈을 꾸게 해 주다가 이때다 싶으면 바로 낚싯줄을 당긴다는 것이다.

"제일 중요한 건 물론 아이템이야. 그때그때 가장 잘 나가는 아이템을 골라서 각 지역에서 대리점만 따면 돈을 벌 수 있다는 꿈을 꿀 만한 아이템이어야 해. 물론 새로 뽑은 가시나들도 감쪽같이 속여야 하고. 그리고 중요한 건 속전속결이야 질질 끌면 안 돼. 기획을 잘 짜고 정해진 절차대로 차질 없이 진행한 다음 깔끔하게 정리하고 흔적도 없이 빠져야 돼."

마치 전쟁터에서 무슨 특수부대가 작전을 떠나기 전 부대원들에게 임무를 부여하는 듯 그의 표정은 자못 진지하다 못해 비장하기까지 했었다.

"그래, 이번에 정한 아이템은 뭐였습니까?"

하고 부동산이 물었다.

"건축자재요. 도기, 뭐 욕조, 세면대, 변기 뭐 그런 거지."

"와- 크게 한 건 했네. 그래서 그담에 우찌 됐소? 돈은 얼마나 벌었는데? 우째 잡힌 기요? 허 사장, 아니 허 회장 어디 쌍박아 놨을 긴데. 땅에다 묻었소?"

퇴폐 이발소가 눈을 반짝이며 흥분한 듯 다가와 물었다.

"자- 이제 그만, 여기까지만 합시다."

그는 다시 양쪽 옷소매에 손을 넣어 깍지를 끼면서 지그시 눈을 감았다.

"그래서 그 선희 씨인가 하는 분은 그 후 어떻게 됐어요."

잠시 후에 내가 물었더니 슬그머니 눈을 뜨면서 나를 쳐다보았다.

"처음에는 고생 많이 시켰지. 싫다고 펄펄 뛰는 걸 어떻게 해,

우선 먹고 살아야지. 둘이 아는 사람 명단을 다 뽑아서 차례로 찾아다니면서 화장품이나 명품 같은 것을 반값에 살 수 있다고 사기를 쳐서 먹고 살았지. 결과는 빤하잖아. 난리가 난 거지. 하지만 다들 아는 사이니까 그냥 넘어가 주더라고. 액수도 그렇게 많은 액수는 아니었으니까. 그렇게 남의 주머니를 들여다보기 시작해서 계속 머리를 굴리다 보니까 점점 규모가 커지고 그렇게 해서 여기까지 왔지. 얘기하면 길어, 들어서 좋을 것도 없고.

아무튼, 그렇게 세월이 가다 보니까 애정도 깊어지더라고 그래서 아들딸 하나씩 낳고 지금껏 잘살고 있어. 숨겨놓고 그렇게 떠돌면서 살아왔지만, 아이들 유학도 보내고 가족들 그렇게 궁색하게 하지는 않았어. 그리고 옛날이나 지금이나 나한테 여자는 오직 그 사람 하나뿐이야. 아마 그 친구도 그럴걸?"

그리고 이 사람 저 사람 질문이 쏟아졌지만, 그는 다시 팔짱을 끼고 지그시 눈을 감은 채 미동(微動)도 하지 않았다. 그리고 잠시 후 그는 면회실로 향했었다.

훗날 얼마가 지나 용산전자상가에서 우연히 그를 만남 적이 있었다. 중후한 신사의 모습으로 상가 내에 점포 서너 개쯤 가지고 있는 듯 보이기는 했지만 어지로 깔끔을 가장한 듯한 차림의 동행한 두 사람의 모습으로 보아 그건 아닌 듯했었다. 그런데 그는 용케도 내 성(姓)을 정확하게 기억하고 있었다. 그 안에서 열서너 명에 끼어서 겨우 보름 가까이 지냈을 뿐인데.

"심 형! 심 형 아니시오? 그래 맞아 심 형이야. 우리 어디 가서 차나 한잔합시다."

"아닙니다. 제가 일이 좀 있어서. 다음에 기회가 되면 느긋하게 한잔하지요."

그렇게 대충 잠깐 인사만 하고 그냥 헤어진 적이 있었다.

여하튼 같은 처지의 사람들끼리 서로 앞날을 걱정하고 가끔 형집행정지로 풀려나가는 사람이 있어 부러워하기도 하고 그렇게 세월이 갔다. 그렇게 한 달 반쯤 지난 어느 날, 하루에 한 번 있는 운동시간을 십 분쯤 운동장에서 보내고 방으로 돌아와 보니 교도관이 나를 불렀다.

"당신 학력도 있고 경제범이죠? 지금 가는 방은 소년범들만 모아놓은 방이에요. 좀 힘들겠지만 거기 가서 봉사 좀 하세요."

"어차피 이 안에서 한동안은 보내야 할 것 같은데 아무러면 어때요. 어떤 곳인지는 잘 모르겠지만 한번 가보지요. 뭐."

"아마 지루하지는 않을 겁니다. 여기서 저 사람들과 어울려 있으면 나쁜 것만 듣고 배우지, 좋을 것 없어요. 오히려 여기보다는 거기가 나을지도 모릅니다."

그리고 그날 저녁 식사가 끝나고 나서 교도관에 의해 3동 하 5방 육중한 철문이 열리면서 나는 그 안으로 밀려들어갔다. 방 안에는 열서너 명의 십 대가 제각기 다른 표정으로 또 어떤 사람이 들어왔는지 궁금하다는 듯 나를 쳐다보고 있었다. 철창 밖에는 해바라기 한 그루가 외롭게 고개를 숙이고 가을이 그렇게 깊어가고 있었다.

"취침!"

교도관의 외침에 이불을 펴고 누우면 어김없이 어둠이 찾아오고 바로 위층 어느 방에선가 집시법 위반으로 잡혀 온 대학생의 목이 잠긴 목소리의 절규가 조용한 사동을 감돌아 울려 퍼진다.
"영등포구치소 재소자 여러분 저는…."
자기소개가 끝나고 운동권 학생들이 흔히 외치는 현 정권을 비난하는 소리가 얼마간을 이어진다. 그 후 역시 운동권 어느 학생인가가 지었다는 오월의 노래가 한동안 그 학생에 의하여 암기한 몇몇 재소자들과 함께 합창 소리로 울려 퍼졌다.

이슬처럼 금남로에 뿌려진 너의 붉은 피,
두부처럼 잘려나간 어여쁜 너의 젖가슴,
오월 오월이 다시오면 우리 가슴에 붉은 피 솟네.
왜 찔렀니? 왜 쏘았니? 트럭에 싣고 어딜 갔니.
오월 오월이 다시오면….

피를 토하는 듯한 그들의 절규를 들으며 조용히 감은 눈에서는 고통의 눈물이 맺히고 입 밖으로 새어 나오는 신음을 애써 죽이며 잠을 청한다.
그 시간 밖에서는 모두 일과를 마치고 부지런히 어디론가 안식처를 찾아 찻집으로 카페로 파전집으로 보금자리로 부지런히 발길을 옮기고 있을 막 어둠이 내리깔리는 시간인데 들리는 소리는 오가는 교도관들의 발자국 소리, 숨소리, 간간이 들려오는 잠꼬대 소리, 뒤척이는 소리.

그곳에는 어른들의 무관심과 무책임 속에 버림받고 이리저리 시달리며 힘들게 살아오다가 어쩔 수 없이 일을 저지르고, 그들에게는 전혀 어울리지 않는 푸른 수의를 걸친 채 격리되어버린, 아직 제대로 피어보지도 못한 열대여섯 명의 아이들이 칼잠을 자야 할 정도로 작은 방에 모여서 지내고 있었다. 그리고 나는 봉사원이라는 명칭을 달고 재판을 받고 판사로부터 선고가 있을 때까지 그들과 함께 그곳에서 살아야 했다.

'나는 그렇다 치고 너희들은 어떻게 하냐. 아직 스무 살도 안 된 채 피워보지도 못한 너희들을 누가 이렇게 만들었다는 말이냐.'

"이 아이들이 세상을 원망하며 소리 지르고 분노할 때, 하느님! 어른들은 이 아이들에게 무어라고 설명해야 합니까. 그냥 잘못 태어나서? 재수가 없어서? 그러니까 참아야지, 어쩌니. 이렇게 얘기할 수는 없지 않습니까."

생각지도 못했던 또 하나의 세상, 본인의 의사와는 전혀 상관없이 그냥 밀리고 밀려서 이곳까지 오게 된 철부지 아이들을 바라보면서 살아가야 하는 처지에 놓인 나는 또 한 번 기가 막혔다.

"네 이름이 무어냐?"

"영훈이입니다. 김영훈이요."

"여기는 왜 들어왔냐?"

아이들이 깔아준 침구 속에 들어가 잠을 청하며 옆에 있는 아이에게 말을 걸었다. 아주 귀공자같이 잘생긴 아이였다.

"구로공단역 앞 포장마차에서 친구들과 술을 마시다가 옆에 놈이 시비를 걸길래 앞에 있던 칼로 찔러버렸어요."

그리고 달려온 경찰관도 찌르고 경찰차를 뺏어 타고 도망을 가다가 잡혀 왔다는 것이다.

"신문에도 났었는데."

"네가 직접 찔렀니?"

"아니요, 제 공범이 찔렀어요."

"그래서 그 사람은 어떻게 됐냐."

"죽었어요."

"너는 참 착하게 생겼는데."

"저희 공범들도 다 착합니다."

"후회하니?"

"그럼요."

기다란 속눈썹에 뚜렷한 윤곽, 해맑은 얼굴이 내 가슴을 아프게 조여 왔다.

"아- 세상이 어째 이러냐."

"사람 사는 모습들이 천차만별이라더니."

숙명적으로 진자리에 태어나 힘들게 자란 젊은이들이 때로는 거리로 나와 목청이 터져라 절규하고 불만족한 현실에 분노하며 서로의 생각과 목적은 달라도 그런 사람들끼리 서로 어울려 동지의식이 맞아떨어져 함께 울부짖기도 한다. 그래도 그것은 나름대로 꿈을 안고 교육을 받은 조금 전 목쉰 소리로 구호를 외쳐대던 운동권 학생 같은 사람들의 이야기이고 그도 저도 아닌 이렇게 철저히 버림받은 아이들은 대책이 없는 길로 들어서 버리고 만다.

그렇게 3동 하 5방에서의 첫날이 슬픔과 절망 속에 저물어가고 나는 한동안 뒤척이다 서서히 잠속으로 빠져들어 갔다.

창밖에 서 있는 자작나무 잎이 그날따라 유난히도 푸르렀다. 그곳에 들어가 아이들과 티격태격거리며 지나온 세월이 두 달, 나는 아내가 들여보내준 솜옷 소매 사이로 팔짱을 끼고 앉아 무심히 창문 밖 자작나무 사이로 하늘을 올려다보고 있었다.

"1694번 면회!"

교도관의 부르는 소리가 들리고 삐걱거리면서 철문이 열렸.

아이들 뒷바라지하며 직장에 나가는 일이 몹시도 힘들 텐데 아내는 하루도 거르지 않고 면회를 와주었다.

"사정이 많이 안 좋아요. 그래서 오늘은 사식도 조금밖에 넣지를 못했어요."

"아니야. 그건 신경 쓸 것 없어. 회사에서 돈이 조금도 안 나와?"

"…"

그럴 수도 있을 기다. 그 시간 처남은 나를 감옥에서 꺼내기 위해 노력을 많이 하고 있을 때였으니까. 내 가족들까지 불편 없이 해 달라는 건 염치없는 짓이었다.

"조금만 참아. 이제 시작했으니까 해결되고 나가면 절대 고생 안 시킬게. 무슨 일이 있어도 내 가족들만은 고생 안 시킬게."

나는 아내가 안쓰러워 몇 번인가를 같은 말을 하고 되뇌고는 했다. 그리고 사실 그때까지의 세월을 생각하면 그곳을 벗어나 자유의 몸이 되면 무슨 짓을 해서라도 식구들 먹이고 보살피는 일만은 책임질 수 있을 것 같았다.
 면회가 끝나고 사동으로 돌아오면서 나는 이를 악물고 하늘을 노려보았다.
 "나는 꼭 해낼 겁니다. 무슨 일이 있어도 앞으로 내 가족은 내가 책임을 지고 잘 살아갈 수 있도록 할 겁니다. 누구의 목을 비틀어서라도 앞으로 절대 내 가족들만은 고생시키지 않을 겁니다."
 초겨울 날씨가 싸늘했다. 맑은 하늘 위로 구름 몇 조각이 무심히 떠서 바람 따라 흐르고 나는 애써 아무렇지도 않은 듯이 옷소매로 눈에 고인 눈물을 닦았다.

 아이들은 하루도 거르지 않고 싸웠다. 그것도 서로 피를 보고야 말 정도로 심하게. 신입 수감자가 들어오는 날이면 그날은 모두 각오를 해야 했다. 우선 선배 수감자가 기선을 제압하기 위해 신입에게 몇 마디 던진다. 그리고 장날에 닭싸움하듯 마주 노려보다가 "후다닥" 하고 튀어 오르면 그중 한 녀석은 만신창이가 된다. 매일같이 벌어지는 싸움판을 말리고 나무라며 하루하루를 보냈지만, 봉사원의 말을 안 듣고 심하게 반항하면 독방으로 보내지기 때문에 아이들은 나의 말을 그런대로 잘 들었다.
 그날도 아내와의 면회가 끝나고 방에 돌아와 보니 몸집이 꽤 나가 보이는 아이 하나가 새로 들어와 있었고 나머지 아이들은 따로 모여서 경계의 눈초리로 그를 살펴보고 있었다. 분위기가 보통 신입이 들어 왔을 때와는 조금 달랐다.

"이름이 뭐냐?"

"성환이입니다. 민성환이요. 잘 부탁합니다."

제법 의젓했다. 하지만 경계하는 표정은 그도 어쩔 수 없는 것 같았다.

"아이들하고 싸우지 말고 잘 지내라."

"그럼요. 이제 다시는 독방에 가고 싶지 않아요. 지옥이 따로 없어요."

그는 아마도 어떤 폭력조직에 속해 있는 듯했다. 그러다가 싸움에 휘말려서 구치소엘 들어오게 되었고 그다음에도 혈기를 주체할 수 없어 몸부림을 치던 끝에 말썽을 부리고 독방까지 가게 되었던 모양이었다. 그 후 그는 종일 말이 없이 앉아만 있었다. 마치 도를 닦는 수도자처럼. 그리고 저녁이면 취침 시간에 맞추어 영락없이 창밖을 내다보며 어딘가를 대고 저녁 인사를 하고는 했다.

"큰형님! 안녕히 주무세요."

그러면 또 어디에선가 청장년인 듯한 목소리가 들려왔었다.

"그래 잘 자라."

그러면서 또 하루가 갔다. 그 후 그 아이 덕분에 한동안은 방 안이 제법 조용한 가운데 보낼 수가 있었다.

그리고 얼마 후 그는 일 년 육 개월의 형을 받고 소년원으로 송치되어 갔다. 가는 날까지도 그는 마치 그가 앞으로 자기만의 길을 가기 위한 통과의례를 치르는 듯 비교적 담담하게 며칠을 보내다가 그렇게 갔다.

"봉사원님! 꼭 나가세요! 그리고 다시는 오지 마세요."

한방에서 그렇게 같이 자고 같이 먹고 하면서 하루하루 정이 들고, 그러다가 때가 되면 새 속옷에 새 양말로 갈아입히고 재판장으로 보낸다. 그러면 어떤 아이는 집행유예로 풀려나가고, 어떤 아이는 형이 확정되어 소년원으로 보내지고, 또 신입이 들어오고 또 싸우고….

그러면서 답답하고 지루한 날들이 기약도 없이 흘러갔다.

"영훈아! 세수해라."

"…."

전날 아이들하고 싸우다가 나에게 몇 대 얻어맞고 그래서 아직도 분이 안 풀렸는지 아침에 일어나 모두 세면장으로 가는데 그 녀석만 구석에 쭈그리고 앉아 꼼짝을 안 하고 있었다. 두어 달을 옆자리에 같이 자면서 이런 얘기 저런 얘기하며 지내다 보니 정이 많이 들었었다.

"영훈아, 네가 미워서 그런 게 아니야."

"알아요."

그는 부스스 일어나 세면장으로 향했다.

그리고 그는 한동안 타올 실밥을 뽑아 꼬아 만든 가는 끈에다가 치약을 먹여 칫솔대를 문질러 자르고 시멘트벽에 갈아낸 다음 다시 치약으로 광택을 내면서 무언가를 열심히 만들면서 조용히 지냈다. 마치 달관한 듯.

며칠이 지나 잠자리에서 일어나서 머리맡을 보니 가운데 하얀 점이 박힌 빨갛고 예쁜 십자가 하나가 역시 타올에서 뽑은 실밥을 꼬아 만든 줄로 목걸이가 되어서 놓여 있었다.

"…?"

"봉사원님 가지세요. 그리고 빨리 나가세요. 나야 이제 끝났지만."

그리고 며칠이 지나 신입이 들어왔다. 그날따라 별로 기분이 안 좋았던 영훈이에게 미끼가 던져진 거다. 위태롭다 싶더니 드디어 한바탕 격렬한 운동이 시작됐고 결국 영훈이는 건너편 마주 보이는 사동으로 전방을 갔다. 그리고 저녁 취침 시간만 되면 교도관들의 눈을 피해, 때로는 교도관들로부터 심한 욕을 들으면서도 창살에 얼굴을 내밀고 "봉사원님, 안녕히 주무세요." 하면서 "그래 잘 자라 영훈아." 하고 대답할 때까지 그는 나를 불러대고는 했다.

"취침!"

창문을 열고, 이불을 깔고, 잘 준비를 하느라 모두 소란스러운데 들려와아 할 영훈이의 소리가 들려오지 않았다. 다음 날 아침에도….

그렇게 하루가 가고 다시 취침하는 교도관의 외침 소리에 모두 잠자리에 들었지만 끝내 그 녀석의 부르는 소리는 다음날도 들려오지 않았다.

"어떻게 된 기지?"

"출정했나 봐요."

진범이란 아이가 옆에서 거들었다. 영훈이의 미끼가 돼서 방을 한바탕 난장판으로 만들면서 결국 영훈이를 건너 사동 방으로 보낸 아주 애교 있고 몸이 무척이나 날랜 녀석이었다.

재판을 받고 형이 확정되면 법원에서 대기하다가 밤이 늦어서야 돌아온다. 간혹 교도관들이 왔다 갔다 하는 소리만 정적을 깨고 들려올 뿐 모두 죽은 듯이 자고 있는 밤, 나는 잠이 오지 않았다. 그렇게 얼마를 지나 열 시쯤 되었을까, 바깥 철문 열리는 소리가 들리고 조금 소란스럽더니 출정했던 사람들이 복도 앞을 지나갔다. 그중에는 영훈이도 있었다. 봉사원은 규율을 조금 어겨도 교도관들이 눈감아주는 특혜를 누린다. 나는 창문 밖으로 고개를 내밀고 작은 소리로 영훈이를 불렀다.

"영훈아, 어떻게 됐니?"

"무기예요."

"어떻게 하냐, 영훈아."

그 아이는 나를 보고 쓸쓸히 웃었다. 나는 창살 사이로 영훈이를 끌어안으며 어금니를 깨물면서 통곡을 했다.

"아~ 어떻게 하냐. 어쩌면 좋냐."

다음날 건너편 사동 영훈이가 있는 방에는 다른 사람들은 모두 자유로운데 그 아이만은 수갑을 차고 있었다. 그리고 창문 밖을 내다보며 큰소리로 외쳤다.

"봉사원님, 안녕히 계세요! 그리고 빨리 나가세요!"

"그래, 어디 가든지 밥 잘 먹고, 항소하면 많이 감형될 거야. 영훈아 힘내!"

나는 가슴이 무너져 내렸다.

"무기라니, 그럼 모든 게 다 저 아이 책임이란 말이야? 저 아이에게 모든 걸 다 뒤집어씌워놓고 우리 어른들은 (무기!) 그러면 되는 거야? 뻔뻔스럽고 무책임하고 고약한 세상이다."

그다음 날부터 나는 다시 영훈이를 볼 수가 없었다.

많은 세월이 지난 지금도 가끔은 그 아이 생각이 난다. 그리고 그 후 지난(至難)한 삶을 살아오면서 잊고 지낸 그 아이가 준 목걸이를 찾아보았지만 아무리 찾아도 유감스럽게도 찾을 수가 없었다.

아마 그 후 구치소를 나와 수년이 지나 처남을 떠나올 때 짐을 싸다 빠트린 게 아닌가 생각된다.

그해 겨울은 유난히도 눈이 많이 내렸다. 매일같이 눈이 오는 것 같았다. 그날도 종일 눈이 내렸다.

점심식사를 하고 막 끝날 무렵 밖에서 문 따는 소리가 들리고 항상 들어도 기분 나쁜 소리를 내면서 철문이 열렸다. 늘 그랬듯이 신입이 들어오는 소리였다.

눈이 초롱한 앳된 아이 하나가 허리를 꾸부리고 들어오면서 잠시 두리번거리더니 방 모퉁이에 고개를 숙이고 앉았다. 대부분 그렇듯이 그 아이 역시 몹시 불안해 보였다. 어떻게 저런 아이가 죄를 짓고 이런 곳엘 들어 올 수 있을까 할 정도로 불량기라고는 전혀 찾아보려야 볼 수 없는 그런 모습의 아이였다.

"이름이 무어냐?

늘 상 누구에게나 처음 하는 물음이지만 그날도 그랬다.

"재영입니다. 김재영이오."

"죄명이 무어냐?"

그 역시 늘상 하는 질문이다.

"절도입니다."

"…."

"돈을 훔쳤어요!"

"왜? 집이 그렇게 살아가기가 힘드니?"

"아이, 봉사원님도, 요새 먹을 게 없어서 삥 치는 놈이 어디 있어요? 저 새끼 이게 있는 거예요."

얼마 전에 들어와서 감방 안을 한바탕 뒤집어 놓은 후 나한테 주먹 한 방을 맞고 겨우 진정이 된 다음 지금까지는 그런대로 조용히 지내고 있는 범용이 녀석이 새끼손가락을 하나 세우면서 거들었다.

"그렇지? 너 이것 때문에 삥 치다가 걸렸지, 새꺄?"

제법 부유한, 아니 부유하다기보다는 그런대로 살아가기에는 그렇게 어려움이 없는 집의 외동아들이었다. 그런 외아들에게 거는 그 부모의 기대를 그 아이가 받아들이기에는 아마 몹시 힘들었던 것 같았다. 그러던 어느 날 그는 결국 집을 나오고 말았다. 또래의 여자 친구와 이리저리 어울려 다니다가 집에서 나올 때 가지고 나온 얼마간의 돈도 바닥이 나고 그래서 남의 돈을 몇 번 자기 것으로 만들어 쓰다가 결국 여기까지 들어온 것 같았다.

"학교는?"

"얼마 전까지 다녔어요."

"몇 학년이니?"

"이학년입니다."

"그래? 네 장래 희망이 무어냐?"

"가수요."

좀 의외의 대답이었지만 그럴 수도 있을 것 같았다. 그때는 한참 개나 소나 할 것 없이 수많은 아이들이 그 바늘구멍 같은 연예계의 문을 두드리기에 정신이 팔려 돈을 모으기 위해 닥치는 대로 무엇이든 하고 있을 때였으니까.

나는 일어서서 창문을 열고 조용히 교도관을 불렀다.

교도관은 봉사원 그것도 소년범 봉사원의 작은 부탁은 그때그때 분위기에 따라 곧잘 들어 주고는 했었다.

"저~ 지금 들어온 녀석에게 노래를 한번 시키고 싶은데 안 될까요?"

"너무 시끄럽게 하지 말고 적당히 시키시오."

교도관은 좀 걱정스러운 표정으로 잠시 머뭇거리더니 결국 내 청을 들어주었다.

그리고 얼마 후 그는 노래를 시작했다.

"그 얼마나 오랜 시간을 짙은 어둠에서 서성거렸나.

내 마음을 닫아 둔 채로 헤매이다 흘러간 시간.

잊고 싶던 지난 일들은 때론 잊은 듯이 생각됐지만

고개 저어도 떠오르는 건 나를 보던 젖은 그 얼굴.

아무런 말없이 떠나버려도

때로는 모진 말로 멍들이며 울려도
변함없이 따뜻한 눈으로 지켜보던 너~
너에게로 또다시 돌아오기까지 왜 이리 힘들었을까.
이제 나는 알았어. 내가 죽는 날까지
너를 떠날 수 없다는 걸….”

그 아이는 울고 있었다. 그리고 조금 전까지만 해도 웅성거리던 사동 안 근처 감방 사람들까지도 말없이 조용히 그의 노래를 듣고 있었다.

많은 사람이 아마 그때쯤 밖에서 힘들게 살아가며 그들이 나올 때를 기다리는 각자의 사람들을 생각하고 있었을 것이었다. 나도 그랬으니까.

"너 정말 노래 잘하는구나. 그래 이제 여기서 나가면 집으로 들어가라. 그리고 아직은 학생이니까 우선 공부를 해. 그러면서 정가수가 되고 싶으면 부모님을 잘 설득해서 정식으로 길을 찾아봐. 그리고 정말 네가 네 여자 친구를 좋아하고 또 사랑한다면 더욱더 그렇게 해야 해. 그렇게 각자 최선을 다해서 자기 길을 가다 보면 언젠가는 틀림없이 좋은 날이 올 거야, 알았니?"

그리고 얼마 후 그 아이는 집행유에 처분을 받고 집으로 돌아갔다. 지금쯤은 사십 줄 중반에 들어선 중장년이 되어 있겠지만 그때 그 여자아이와 좋은 가정을 꾸리고 행복하게 잘 살아가고 있었으면 좋겠다.

피해자들과 합의를 이끌어내기 위하여 처남이 동분서주하는 사이에 가을이 지나 겨울이 가고 창밖에는 겨우내 내려 쌓였던 눈 녹은 자리에 아지랑이가 피어나면서 봄을 재촉하고 있었다.

사간은 결론이 나지 않고 세월만 갔다. 대부분의 미결수는 두 달, 늦어도 서너 달이면 재판이 끝나고 풀려나가든지 형이 확정되어 교도소로 이감되어 가는데 나는 며칠마다 한 번씩 검찰청으로 불려가서 조사를 받았다. 노동청으로부터 추가 고발이 들어오고 뒤늦게 피해자들로부터 고소가 접수되는 등 사건이 지지부진하게 끌려가면서 구치소 수감 만기 기한인 육 개월을 거의 다 소진하기에 이르렀다. 한번 검찰청에 출석하고 올 때마다 심하게 멀미를 했다.

'어떻게 될까. 나가지 못하고 몇 년을 살게 되면 어떻게 하지? 집사람이 너무 힘들 텐데. 아이들도 그렇고.'

나는 매일같이 가슴이 탔다.

5

영등포 고척동 구치소 3동 하 5방의 육중한 철문이 열리고 또다시 여섯 개의 철문을 지나 자유의 몸이 되기까지 꼭 6개월이 걸렸다.

 그동안 그 안에서 읽은 책 꾸러미를 양손에 들고 어둠이 짙게 드리운 밤 깊은 시간에 구치소(拘置所) 문을 나서니 회사직원들과 처남이 나와 있었고 그동안 나를 위하여 이리저리 동분서주하며 수고해준 막내 동서가 두부를 내밀었다. 두부를 먹으면서 둘러보니 저만치 뿌연 가로등 밑에서 아내가 눈물을 글썽이면서 나를 바라보고 있었다. 그리고 그런 아내를 바라보는 나는 가슴이 미어져 내렸다. 먹던 두부를 넘겨주고 나는 아내에게로 다가가서 조용히 그를 안았다. 아내는 넋이 나간 사람처럼 쓰러질 듯 힘없이 나에게 안기어 왔다.

 "이제 절대 고생 안 시킬게, 어떤 놈 목을 비틀어서라도 절대.

무슨 일이 있더라도 내 가족만은 내가 책임을 질게."
그렇게 아내를 안은 채 올려다보는 차가운 밤하늘에는 유난히 밝은 별 몇 개가 무심히 떠서 우리를 내려다보고 있었다.

그런 와중에 처남이 다가왔다.
"지금 박 이사가 병원에 입원해있어. 우선 거기부터 가보자."
철문이 열리고 자유의 공기를 막 한 모금 들이마시던 밤 열 시가 넘은 시각에 이곳을 나가면 어느 한적한 성당 성모상 앞에 꿇어앉아 원 없이 한 번쯤 울어보고 싶다던 내 작은 바람과는 다르게 나는 처남에게 이끌려 다시 부천으로 향하고 있었다.
나는 부천으로 가는 차 안에서 조용히 눈을 감은 채 생각에 잠겼다.
"그래, 그때 그 신부님이 말씀하신 것처럼 이제 내 앞에는 조금씩이라도 좋아질 일만 남았어. 지금까지 나로 인해 고생한 내 아내, 내 자식들을 위해서 죽도록 일하자. 이제부터 나는 나를 버린다. 체면도 자존심도 그들을 위할 수 있는 일이라면 모두 버릴 것이다."
일차 후 도착한 병인 입원실 침대에 한쪽 손을 붕대로 온통 감은 박 이사가 병상에 누워 자기는 아무렇지도 않다는 듯 나름대로의 제스처를 쓰면서 반가운 표정으로 나에게 손을 내밀었다.
"어쩌다 그랬수?"
들어보나 마나 뻔한 질문을 던지고 쉰 소리를 몇 마디 주고받다가 우리는 병실 문을 나섰다.

'가엾은 양반!'

그렇게 많은 사람을 힘들게 하면서, 크고 찬란했던 꿈을 허무하게 접은 채 도망자의 신세로 전락한 지 일 년 하고도 육 개월, 나에게는 한 십 년의 세월처럼 길고도 긴 세월이었다. 막 들어선 4월의 밤바람은 설한(雪寒)의 찬기가 아직 채 가시지 않아 제법 매서웠다.

집으로 돌아오자마자 아내와 나는 마침 비어있던 방 둘을 더 얻어 네 식구가 한데 모여 그래도 그동안에 비하면 꿈같은 생활을 시작할 수 있었다.

아침이면 아내는 처제가 운영하는 청계천 가게로, 아들과 딸은 학교로, 나는 처남에게로 제각기 헤어졌다가 가족이 다 함께 모이면 언제나 한밤중이었다. 동생 밑에서 눈치 보며 고생하는 아내가 안쓰럽고 힘든 환경 속에서 과외공부 한번 하지 못하고 대학 입시공부를 해야 하는 아들에게 미안했고 그런 가운데 기죽지 않고 학교생활 잘 해주는 딸이 많이 고마웠다.

다시 한번 처남이 운영하는 회사에 나의 앞날을 걸었다.
"머지않아 언젠가는 세를 주는 단칸방도 연탄보일러에서 기름보일러로 교체되어야 하는 날이 틀림없이 올 거야. 8000㎉ 기름보일러를 생산해야 돼."

처남이 방향을 잡고 나는 사원들과 합심해서 신제품을 개발하는 일에 최선을 다했다. 기름보일러용 버너의 몸체는 그대로 유지하면서 노즐을 줄이고 풍량을 맞추어 최상의 연소를 찾아내는 것이 그렇게 용이한 일은 아니었다. 그리고 보일러의 몸체도 줄이고 그 안에 동 파이프를 감아 넣어 온수를 나오게 하는 일도 한동안 시행착오를 거쳐야 했다. 하지만 어떻게 해서 결국은 제품이 완성되었고 출시되었다. 처남의 예측은 적중했고 개발된 신제품은 날개가 달린 것처럼 팔려 나가기 시작했다. 제법 많은 돈이 들어오고 우리들의 꿈은 드디어 이루어지는 듯했다. 바로 거기서 우리는 냉정하게 전열을 가다듬어야 했다. 그리고 더 나은 꿈을 위하여 Gas, 전기보일러를 개발하고 장단기 회사의 미래를 설계하면서 서서히 힘을 축적해 나아가야만 했었다. 그러기 위해서는 간부사원의 힘을 집중시켜야만 했고 그러기 위해서는 회사를 위해 온 힘을 다했을 때 그들에게 돌아올 수 있는 결과치에 대한 확신을 줄 수 있어야 했다. 하지만 그는 거기서 먹이를 뒤로 하고 채찍을 들었다.

'욕심이었을까?'

'아, 정말 아깝다. 여기서 뛰면 한없이 뛰어갈 수 있는데.'

결국, 회사는 앞으로 나가지 못하고 다시 그 전 단계로 되돌아가고 있었다.

기회는 항상 오는 게 아니다. 기회는 왔을 때 재빨리 낚아채지 않으면 순간 지나가 버리고 만다. 그래서 우리는 늘 자신의 실력을 늘리는 데 게을리하지 말고 혼신을 다하여 준비해야만 하는 거다. 바로 그 기회라는 것이 올 때를 위해서, 바로 그 순간을 위해서, 그냥 열심히만 한다고 다 되는 일이 아니다. 기다려야 할 때는 항상 조용히 깨어서 기다릴 줄 알아야 한다. 꿈이 이루어지는 그 날을 위해서.

그때 조금만 그가 자신을 낮추어 합리적이고 겸손할 수만 있었다면 아마 훗날 그 회사는 제법 회사다운 회사로 성장할 수 있었을 것이다.

하지만 어쩌겠는가. 거기까지인 것을.

새해 들면서 회사에 먹구름이 들기 시작했다. 지난해 가을 쿠웨이트가 원유시장에 물량을 과잉공급하여 유가를 하락시킨다는 이유로, 이라크 후세인이 쿠웨이트를 집적거리다가 먹어치우면서 강대국들 간에 기류가 심상치 않아지고 유가는 빠르게 치솟고 있었기 때문이었다.

잘 나가던 회사에 찬바람이 돌고 처남은 사업 구상차 미국으로 전시회 관람을 떠났다. 곧이어 신문을 비롯한 매스컴들의 관심이 온통 이라크로 쏠리면서 어수선하더니 유엔 안보리에서 최후통첩이 이라크로 날아들었다. 1991년 1월 17일, 드디어 미국의 대이라크 공습이 시작되었고 미국은 압도적인 공군력을 바탕으로 1개월 동안 엄청난 횟수에 걸쳐 폭탄을 쏟아부어 이라크의 주요 시설들을 거의 초토화한 다음, 전면 지상전에 돌입했다. 그리고 100시간 만인 2월 28일 전쟁사에 유례가 드문 다국적군의 대승리로 전쟁은 끝났다.

스커드 미사일을 요격하는 패트리엇 미사일, 레이더망에 포착되지 않는 스텔스 폭격기가 투입되는 첨단무기 시험장 역할을 한, 미국으로서는 대단한 성과를 거둔 전쟁이었다.

나는 석유파동에 대비해서 집에다 사재기에 솔선수범, 연료통에 석유를 꽉 채워 놓았을 뿐만 아니라 플라스틱 통도 몇 개 사서 채워 놓았다.

모든 사업이 다 그렇듯이 잘된다 싶으면 다음에 난립 현상이 오게 마련이다. 개발한 신제품도 예외 없이 여기저기서 유사품들이 쏟아져 나오기 시작했다. 잠시라도 안주하다가는 따라오는 경쟁사에게 먹히고 마는 것이 기업의 생리다.

나는 답답했지만 처남은 발상의 전환이 없이 그냥 앞만 보고 열심히 거의 초인적으로 달리는 가운데 유가 급등에 맞물려 회사는 침체의 늪으로 빠져들어 갔다.

"아~ 답답하다. 이건 아닌데."

그러면서 나는 서서히 내가 몸담고 있는 회사로부터의 탈출을 결심하기 시작하고 있었다.

아마도 그런 생각은 내가 그 회사에 들어갈 때부터 했는지도 모른다.

오랜 세월을 누구의 지시도 받지 않고 오직 나 홀로의 길만을 걸어왔던 내 대부분의 삶이 나를 이미 그렇게 만들어 놓았기 때문일 게다.

그때 내가 조금만 적극적이었다면, 그래서 죽을힘을 다해서 그를 설득하여 좋은 팀워크를 만들어 매진할 수만 있었다면 지금쯤 아마 상황이 많이 달라져 있을 수도 있었을 텐데 하는 아쉬움을 때로는 가져 보기도 하지만, 기회는 언제나 기다려 주지 않고 그렇게 빨리도 지나간다.

내가 사업에 실패한 후 내 가족은 물론 한솥밥을 먹던 내 동생들의 삶인들 어떠했겠는가. 그로 인해 모두가 어렵사리 힘든 삶을 엮어 오면서 나름대로 한계를 느끼며 절망하고 있을 때.

부친께서 살아생전에 없는 듯 내버려 두었던 군산 변두리 땅 하나가 산업단지로 개발되면서 국토개발공사로부터 연락이 왔다. 그야말로 사면초가, 깜깜하기만 했던 나와 내 가족에게 그것은 구원의 한 줄기 빛이었다. 오랜 가뭄 끝에 단비가 내린 듯 나와 내 가족의 지난 삶을 바꾸어 놓는 원동력으로는 그런대로 충분했다.

모친의 얼굴에 모처럼 오랜만에 화색이 돌았고, 동생들에게도 그 어렵던 생활을 접고 재기의 발판을 마련할 수 있는 종잣돈이 되었다.

그리고 나는 그 돈으로 우선 딸아이가 다니고 있는 고등학교 근빙에 아파트 한 채를 전세 얻어 이사했다.

살을 에일 것같이 매서운 추위 속을 밤이 늦도록 방황하며 절망의 몸부림을 치면서 시작되었던 지난했던 3년을, 보통 사람들은 상상조차 할 수 없을 만큼 고통스러웠던 세월을 보내고 우리는 비로소 사람이 사는 것 같은 모습을 갖출 수 있게 되었다.

깨끗이 도배가 끝난 아파트로 이사하고 대략 정리가 끝난 후 나는 한가하게 베란다에 서서 밖을 내다보았다. 십일월 늦가을 하늘에 구름 몇 점이 무심히 바람 따라 흐르고 마주 보이는 이웃 아파트가 몹시도 정겨웠다.

"그때 시간만 나면 회사 근방 성당에 가서 묵주가 거의 끊어지도록 절실히 매달리며 한 기도를 지금 들어 주시는구나. 하느님 고맙습니다. 그리고 아버지 고맙습니다."

나는 행복했다. 지난(至難)했던 지나간 3년 동안의 일들이 주마등처럼 눈앞을 스쳐 지나가면서 할머니 아버지가 몹시도 보고 싶었다.

"우리 아들 그동안 힘든 가운데 정말 열심히 잘했다. 거기를 졸업하면 취직은 거의 된 거나 마찬가지야. 수고했다."

"죄송해요, 좀 더 열심히 해서 더 좋은 학교에 갔어야 했는데."

"무슨 소리야, 그 정도 명문대학에 들어갔으면 됐어. 앞으로 열심히 공부해서 훌륭한 사회인이 되도록 해."

내가 사업에 실패하지만 않았더라면, 그래서 조금만 뒤를 받쳐 줄 수 있었다면 최고의 대학을 갈 수 있었을 아이였다는 것을 나는 너무나도 잘 알고 있었다. 그래서 나는 아들에게 미안했고 또 안타까웠다.

밖에는 백화점이 온갖 색등으로 치장하고, 곳곳에 크리스마스 트리가 세워지고 거리에는 크리스마스 캐럴이 울려 퍼지면서 서서히 한 해가 저물어가고 있었다.

회사로 출근은 하지만 마음은 회사와 점점 멀어져 가고 이리저리 돌파구를 찾아 자꾸만 밖으로만 향하고 있었다. 도대체 희망이라는 게 보이질 않았다. '이건 아닌데. 이러면 너 나 할 것 없이 다 함께 나락으로 떨어지는데.' 하는 고통스러운 생각 속에 그렇게 세월이 갔다. 힘들게 하루하루를 보내던 어느 날 얼마간을 학업도 게을리하면서 무언가 갈등 속에 보내는 듯하던 아들아이가 머뭇거리면서 다가와 말했다.

"아버지, 저 말씀 드릴 게 있는데요."

"그래? 그럼 보신탕이나 먹으러 갈래?"

나는 잠시 후 대학 2학년이 된 아들과 신촌 어느 보신탕집에서 소주를 시켜놓고 오랜만에 마주 앉았다.

"그래 할 말이 뭐냐?"

나는 어느새 성인으로 훌쩍 자라있는 아들을 대견스러운 마음으로 바라보며 물었다.

"저, 학교 그만두고 다시 시작하면 안 될까요?"

"…."

엄청난 시련과 고통 속에 지내온 지난 몇 년의 세월이 나에게 웬만한 충격에도 잘 견딜 수 있는 저항력을 준 것일까? 나는 의외로 담담했다. 그리고 나는 여전히 아들에 대한 신뢰의 마음을 간직한 채 쳐다보았다.

"저, 재수하고 싶어요. 금년 일 년 다시 공부해서 의대를 갈까 해요."

"그래? 그럼 그렇게 해."

나는 조금도 망설임 없이 흔쾌히 대답해 주었다. 그렇지 않아도 중요한 시기에 제대로 뒷바라지를 못해준 데 대해서 항상 마음 한구석에 아들에 대한 미안함이 있었던 터였다. 더불어 어쩌면 아들이 내가 이루지 못한 상류사회(上流社會)로의 진입을 대신 이룰 수 있을지도 모른다는 기대도 한몫 작용했었던 것은 부인할 수가 없다.

원효로 전차종점 적산가옥을 마주 보는 천변의 불타다 남은 초라한 집에서 할머니를 비롯한 여덟 식구가 아무렇게나 얽혀 살던 초등학교 시절이 있었다. 그때 나는 맞은편 적산가옥이 있는 동네를 바라보며 아침이면 거기서 나오는 뽀얀 아이들을 바라보면서 상류사회로의 진입을 꿈꾸어 왔었다. 그리고 이렇게 저렇게 세월을 겪으면서 무모하리만큼 부딪치고 좌절하고 그렇게 살아 왔지만 나는 지금까지 그 꿈을 포기한 적이 없었다. 언젠가는 그런 날이 오기를 고대하고 또 고대하고 있었다.

정당하고 올바르게 치부하면서 금전적으로 풍요로운 사람들, 삶이 천박하지 않고 기품이 있고 문화가 몸에 살아 숨 쉬는 사람들, 아무렇게나 행동하지 않고 하다못해 음악을 들어도 수준이 있는 음악을 수준 있게 듣는 사람들, 때로는 갤러리의 어느 작품 앞에서 한동안 머물러 있기도 할 수 있는 사람들, 무료하거나 시간이 지루할 때 악기 하나쯤은 팅기거나 불어볼 수 있는 사람들, 그래서 눈동자를 이리저리 굴리지 않고 항상 안정되어 있을 수 있는 그런 사람들의 부류 속으로의 편입을 위해서 나는 나름대로 노력을 해 왔다고 생각한다.

하지만 나는 그 꿈을 이루지 못했다. 아니 내 삶이 그런 꿈을 이루기에는 가당치가 않았다는 표현이 아마 맞을 것이다. 그래서 나 아닌 내 가족 중에 누구라도 그런 상류사회로의 진입을 할 수 있다면 더불어 나도 그 언저리에서 그런 삶을 조금이나마 맛볼 수 있지 않을까 하는 기대를 하면서 살아왔는지도 모른다. 그런 기대를 한때는 막연하나마 지금 미국에 살고 있는 내 동생에게 걸지 않았나 싶다. 그에게는 그런 싹이 있었으니까. 하지만 이 글을 쓰고 있는 지금도 나는 꿈을 꾼다. 비록 내가 그런 사회로의 진입은 이루지는 못했다 할지라도 내 자식들, 아니면 그 밑의 대에 가서라도 내 가족이 그런 '상류사회'로 진입할 수 있도록 밑거름이 될 수 있기를 소망하면서. 그게 내가 지금 혼신을 다해 가꾸고 있는 이 사업이 토대가 될 수 있으면 좋겠다는 생각과 더불어 말이다.

어쨌든 그때 나는 내 아들 정섭이가 오랜 세월 그렇게 소망해왔던 그런 사회로의 진입을 할 수 있을지 모른다는 기대를 걸었었다.

"아버지가, 무슨 수를 써서라도 네 뒷바라지는 할게."

유난히도 추웠던 겨울이 가고 아직도 싸늘함이 가시지 않은 이른 봄날의 저녁 시간에, 부자는 술이 얼큰히 되어서 끝도 없는 이야기를 주고받으면서 나란히 신촌에서 집 쪽으로 걷고 있었다. 몇 년 전 그 언젠가 봉림사로 향하는 오솔길을 걸었듯이.

큰아이는 의사가 되겠다면서 재수를 하고 둘째는 고3이다. 수험생 둘이 나름대로 전력투구(全力投球)하는 모습을 안타깝게 바라보아야 하는 가운데 세월이 가면서 어느덧 여름도 깊어 7월, 삼복의 가운데쯤인데 느닷없이 승객 백열 명을 태우고 김포공항을 출발해서 목포로 가던 아시아나 항공 소속 보잉 737기 비행기 한 대가 빗속을 뚫고 목포공항에 착륙하던 중 해남 마산면 마산리 뒷산 허리를 들이받고 추락해서 예순여섯 명이 목숨을 잃고 마흔네 명이 중상을 입는 큰 사고가 일어났었다.

집안에 중대사를 치르고 있는 우리야 이런저런 사건들이 눈에 들어오지도 않았지만, 가뜩이나 무더운 여름 그해에는 유난히도 사건이 많았다. 5월 22일에는 5공 시절 헌법을 만들면서 세간에 이목을 받기 시작하여 6공 노태우 대통령 시절에는 정가의 황태자로 군림하면서, 겁 없이 산전수전 다 겪고 하늘로 오를 날만 기다리고 있던, 김영삼 씨와 대립각을 세우면서 기고만장하던 박철언 씨가 우여곡절 끝에 결국 대통령 자리에 오른 김영삼 씨 손아귀를 벗어나지 못하고 슬롯머신의 대부 장덕진 씨로부터 세무조사 무마 청탁 명목으로 5억 원을 받아 챙긴 죄로 쇠고랑을 찼다.

그래서 잘 나갈 때는 주위를 되도록 자주 돌아보고 자중해야 한다. 권부가 길어야 10년이라 했다. 웬만한 사람은 다 아는 이치인데 막상 그 속에 빠지면 자만에서 헤어나지를 못하는가 보다. 그렇게 노태우 전 대통령의 오른손 역할을 하던 박철언 의원이 구속되고, 그 시절 직속 경제 장관을 지낸 김종인 의원과 삼십일세 약관의 나이에 시경 국장을 지낸 이 건계 대전고검장이 나란히 수갑을 차는 어수선함 속에 신문을 비롯한 매스컴들만 신이 나서 떠들어 대고 있었다.

8월 12일에는 김영삼 대통령의 긴급명령으로 전면 금융실명제가 발효되면서 여러 개의 대포통장을 만들어 돈을 관리하던 세칭 '있다는 사람들'이 돈 숨길 곳을 찾아 전전긍긍하는 등 한바탕 세상이 어수선했다.

  이제는 이력이 났을 만도 한데 달고 다니는 호흡곤란 증세는 점점 나를 괴롭히고 그런 가운데 회사는 복잡하고 내일을 알 수 없는 사회적 격변 속에서 점점 힘들어저만 갔다.
  아내는 그해 겨울 추위가 극성을 부리던 날 직장에서 청소하다가 얼음판에 미끄러지는 바람에 허리를 다쳐서 직장을 그만두고 전업주부의 자리로 돌아와서 여기저기 유명한 곳을 찾아다니며 치료를 받고 있었다.
  다음 해에 둘 다 대학생이 되면 많은 돈이 들어가고 뿐만 아니라 얼마 전 아내가 푼푼이 모은 돈을 긁어서 은행융자를 얻어 지금 살고 있는 아파트를 샀으니 그것도 갚아 나가야 한다.
  걱정이었다.
  "참으로 먼 길을 걸어왔습니다. 때로는 너무나도 어려운 상황 속에서 죽음을 생각해 보기도 했고, 또 어떤 때에는 성취감에서 오는 희열도 느껴봤습니다. 이런저런 인생유전(人生流轉) 속에서 방황과 안주를 번갈아 하며 오십여 성상을 흘러왔는데 지금 저는 몹시 외롭고 서글프고 힘이 듭니다. 집사람은 허리를 다쳐 고통스러워하고, 두 자식은 대학 입시 발표를 앞두고 초소해하고, 저는 직장에 일이 몹시 힘이 듭니다. 단 한 가지만이라도 좋으니 은

총을 베풀어 주소서. 저희 큰놈 합격할 수 있도록 도와주소서."

나는 너무 힘든 일과를 끝내고 집으로 차를 몰아 김포공항 뒤 벌판길을 가면서 눈물을 글썽이며 그렇게 기도를 했다.

다음날은 아들 의대 합격자 발표 날이었다. 애간장이 탔다.

1994년 2월 3일.

사무실에 도착해서 난로를 피우고 잠시 있으니까 사무실 여직원으로부터 인터폰이 왔다.

"공장장님, 댁에서 전화예요."

"…"

"여보, 큰애가 합격했어요."

"…"

아내는 울고 있는 듯했다. 사면초가 숨 막히는 상황 속에 한줄기 환한 빛이 비쳐 들어오고 있었다.

"이제 됐습니다. 제 소원은 이제 다 들어주셨습니다. 감사합니다."

내 눈에서도 눈물이 흘렀다. 영하 십이삼 도를 밑도는 혹한의 날씨였지만 마음은 한없이 훈훈하고 따듯했다.

하지만 딸아이는 고배를 마셨다.

"오빠는 지금 급하지만 너는 아직 시간이 있지 않니. 2차에 좋은 곳을 골라 지망해보고 또 안 되면 내년에 한 번 더하면 되지 뭐."

나는 어깨가 처져있는 딸아이를 끌어안으며 그렇게 위로를 했다.

 나는 지난 그 몇 년의 세월 속에서 너무나 많은 어려운 일을 겪으면서 살아왔다. 그러면서 인간과 인간의 관계가, 처하는 환경에 따라 어떻게 달라지는지도 뼈저리게 체험해봤다. 인간은 외로운 존재다. 그래서 결국 자기 일은 자신만이 책임을 지고 길고 긴 고독한 여정이 끝날 때까지 끝없는 투쟁과 번민을 계속하면서 살아갈 수밖에 없다.
 내 앞에 놓인 일들은 한없이 많았고, 정상적인 삶을 살아온 친구들에 비해 내가 가진 것이란 너무도 초라했다. 두 아이 공부도 시켜야 했고 아내 허리도 고쳐 줘야 했다. 그리고 훗날 아이들 결혼도 시켜야 하는데 가진 것이라고는 달랑 마포 산동네 위에 지어진 아파트 한 채가 전부였다.
 "친구들도 부담되는 사이라면 당분간 정리하자. 이제는 절대 실패하면 안 돼."

 예년에 보면 늘 입춘 추위가 제법 있었는데 날씨가 포근했다.
 박 이사는 몇 년 전 사고로 손가락 세 개를 잃은 손을 흔들면서 이곳저곳을 휘젓고 다니며 사장 눈치를 보느라 여념이 없었고, 나는 사무실에서 햇볕이 따뜻이 내리쪼이고 있는 공장 바닥을 내려다보며 박 이사 대신 끼어들 준비를 하고 있는데 아내로부터 전화가 왔다.
 "작은애가 붙었어요."

"그래? 우리 집에 경사가 겹치는구나. 지금 집에 있어요?"
"그 아이가 지금 집에 있겠어요? 벌써 나갔지."
 딸아이가 인천에 있는 대학교 항공운항과에 시험을 보고 초조해하고 있었는데 합격한 것이었다. 딸아이는 온순하고 미모도 또한 뛰어난 아이다. 그래서 항상 마음을 놓지 못하고 신경을 써야 했지만.
"그래, 잘했어. 앞으로 열심히 공부해서 항공사 승무원이 되어라. 우리 딸내미 정말 고맙다."
 나는 그동안 힘들었던 일들을 모두 보상받은 듯했다.

 어느 날 퇴근을 한 후 나는 아내와 마주 앉았다.
"여보, 김 박사 말대로 수술합시다. 척추와 척추 사이에 물렁뼈가 없어졌다는데 그게 그냥 치료한다고 해결될 문제가 아닌 것 같은데."
 지난겨울 가게에 나가 넘어져서 다친 아내의 허리는 여기저기 유명하다는 곳을 찾아다니면서 치료를 받았지만 별 차도가 없었다. 힘들고 고단했던 세월의 흉터였다.

 우수 경칩이 지났는데도 아침 기온이 영하로 떨어지면서 몹시 추웠다. 큰아이 작은아이 모두가 원하는 대학에 들어가고 아내도 다행히 수술이 잘돼서 나는 오랜만에 마음이 편안했다.
 회사는 해가 바뀌면서 각오를 다지고 활기차게 한 해를 시작했지만, 인원은 불어나고, 시간 외 수당까지 주면서 처남은 나가지도 않는 물건을 만들고 또 만들었다. 그리고는 대리점을 설득해서 밀어냈지만, 자금은 돌지 않고 회사는 점점 어려워져만 갔다.

그러던 어느 날 연휴가 끝나고 막 출근을 해서 아침 조회를 준비하려고 할 때 사무실 밖이 조금 이상하다 싶더니.

"사장은 노동조합을 인정하고, 노사 교섭에 응하라."

하는 생산직 사원들의 외침 소리가 들려왔다.

"이게 무슨 소리야?"

아침 조회를 하기 위해 모이는 줄 알았는데 그동안 조립반에서 조용히 일만 하던 최덕윤이와 그동안 그에 의해 포섭된 생산직 사원들이 어느새 준비한 붉은 띠들을 머리에 두르고 한데 모여 함성을 지르고 있었던 것이었다. 나는 그런 일에는 전혀 경험이 없었고 처남도 마찬가지였다.

"큰일이구나. 회사는 점점 어려워져 가고, 이를 어쩐다?"

"뭘 어째, 뭉개버려야지."

처남은 정면 돌파하는 데도 타고난 사람이었다. 그리고 그 작업은 지체 없이 시작됐다.

최덕윤, 그는 서울에 있는 명문대학 행정학과에 다니던 엘리트였다. 도서관에서 조정래 씨의 『태백산맥』을 읽다가 건장한 청년 몇 명이 도서관에 들이닥쳐 여학생 한 명의 머리채를 잡아끌고 나가는 장면을 목격한 후 책을 집어 던지고 운동권에 발을 디디면서 대학을 중퇴하고, 기업에 일용직으로 위장 취업하면서 노동운동을 하는 이로, 나름대로의 확신이 서면 타협이나 양보를 모르는 독선이 몸에 밴 인물이었다. 하물며 인간적인 배신도 그것은 개인적인 일일 뿐 다수를 위해서는 희생되어도 어쩔 수 없다는 합리성을 내세워 오로지 일방통행만을 하는 사람이었다.

그는 일 년 전에 이 회사에 위장 취업하여 들어왔다. 그리고 같은 운동권 몇 명을 불러들이고 시골에서의 가난을 벗어나기 위해 이곳으로 올라와 취직한 후 그냥 힘 하나로 창고 업무를 맡아 보던 박성남이라는 인물을 포섭하여 그를 노동조합 위원장으로 앉히는 등 용의주도하게 물밑 작업을 벌인 후 드디어 날을 잡았던 것이었다.

"사장은 노동조합을 인정하고 노사 교섭에 응하라."

최덕윤이 박성남과 데리고 들어온 바람잡이 세 명을 거느리고 머리에 투쟁이라고 쓴 붉은 띠를 맨 채 맨 앞줄에 서 있었다.

독을 품은 뱀 한 마리와 그를 잡으려는 늑대가 깊은 골짜기에서 맞붙은 것이었다. 하지만 나는 이미 결과를 알고 있었다. 지금은 후자가 조금 수세에 몰린듯하나 결국은 머지않아 그 골짜기에서 뱀의 모습은 볼 수 없게 되리라는 것을. 회사 매출은 계속 줄어가고 가을 성수기까지 시간이 있었다. 독을 품은 뱀은 때를 잘못 잡았고 늑대는 성수기 때까지 여유를 부릴 수 있었다.

잠깐 씰씰히더니 20도를 웃도는 추어름 날씨로 가고 있었다.

우루과이라운드 무역 협상이 잘못됐다고 사방이 시끄럽고, 불교계는 권력 싸움에 폭력배까지 동원되면서 아수라장이고, 북한은 핵사찰을 미끼로 사회를 불안하게 하는 등 안팎으로 몹시 어수선했다.

그런 가운데 처남은 이대로는 회사를 운영해 나갈 수가 없다며 세무서에 휴업계를 제출하고 공장 문을 닫아걸었다. 그리고 전기를 내려 기숙사조차 암흑으로 만들어 버리고 나서 서울에 사무실을 얻어 영업부를 끌고 그곳으로 가버렸다.

박성남은 여전히 비상근인원이라는 명목을 붙여놓고 아무 일도 안 한 채 우직하게 앉아 목에 힘을 주면서 최덕윤을 비롯한 무리의 조종에 따라 조합위원장 역할을 충실하게 해내고 있었다. 회사는 이미 회사가 아니었다.

"점 보는 집에 갔었는데 삼사월이 시끄럽고, 오뉴월이면 조용해진대요."

처제가 다녀와서 나와 처남에게 나름대로 희망을 품고 열심히 지내보자며 그렇게 말했다. 그리고 처남은 그 말을 굳세게 믿는 것 같았다.

"북한 김일성 주석 사망."

거리에는 호외가 뿌려지고 가는 곳마다 사람들은 그 사건 이야기로 시끌벅적했다.

김일성, 그는 1912년 평양에서 태어나서 만주로 건너가 만주에서 학교를 다니고 성장하였다. 그리고 그곳 만주에서 조국광복회를 조직하여 항일투쟁을 하고 1945년 일제로부터 해방된 후 북조선인민위원회 위원장으로 선출된 다음 폭군처럼 군림하며 자기 생일을 태양절이라 하여 국경일로 지정될 정도로 북한을 무슨 사이비종교 단체처럼 만들어놓고 한 시대를 마음대로 좌지우지하며 통치했던 인물이엇다. 하지만 세월이 가면서 사회주의 국가들이 서서히 붕괴하고 시장경제로 전환되면서 국민들의 생활이 급격히 상승했지만, 주체사상을 토대로 한 북한은 그들과 합류하지 못하고 외톨이가 돼 버렸다. 날이 갈수록 인민들의 생활은 핍박해지고 외부세계로부터의 위협을 느낀 그는 미국을 비롯한 서방세계의 비핵화 정책에 맞서서 핵을 개발하기에 이르렀고 그 핵을 들었다 놓았다 하면서 재주를 부리고 있었다.

그리고 얼마 전부터 한참 남북한 정상회담을 추진하면서 실무자들이 오고 가던 차에, 세상 살아있는 모든 것에 정해진 시간이 있듯이, 그도 그 이승의 시간을 다하고 1994년 7월 8일 누구도 피할 수 없는 길을 가버리고 말았다. 몇천만이나 되는 사람들 위에 근 반백 년을 군림하며 한 시대를 풍미해오던 그도 그렇게 맥없이 사라져 가버린 것이다.

연일 매스컴들은 다음 통치자인 김정일에 관한 기사를 쏟아내며 앞으로의 한반도정세를 예측하느라 여념이 없었다.

"회사 간부들 모두 집합시켜."

처남이 눈에 광채를 띄우며 결의에 찬 표정으로 나에게 지시를 내렸다.

'아, 드디어 최덕윤이와 한바탕 붙는구나.'

나는 즉시 홍 전무를 비롯하여 박 이사 그리고 변 부장 이하 간부사원 열대여섯 명을 한자리에 모았다. 모두 마치 전쟁터에 나가는 병사들처럼 결연하다 못해 비장하기까지 했다. 그리고 우리는 승용차 몇 대에 나누어 타고 부천으로 향했다.

　최덕윤 일행은 몇몇 사원들과 어울려 이마에 붉은 띠를 두르고 여기저기 흩어져 있다가 우리가 도착하자 서서히 모이더니 구호를 외쳐대기 시작했다.

　"사장은 위장휴업 중단하고 노사 교섭에 응하라."

　소리는 힘이 많이 빠졌고 인원도 많이 줄어있었다. 갑자기 먹고사는 데 문제가 생겨버린 것이었다.

　한 단체가 결성되고 결성된 그 단체가 유지되기 위해서는 단체를 만들어낸 쪽과 그 단체에 가입한 사람들 간에 이해가 맞아떨어져야 한다.

　그들은 노동조합을 만들어냈고 얼마간의 생산직 사원들이 거기에 가입하기는 했지만, 그들에게 내일이 오늘보다 나아지리라는 (특히 경제적으로) 희망을 주기에는 회사 규모로 보나 현 상황으로 볼 때 역부족이었다. 오히려 희망은 점점 없어지는 듯했고 각자의 경제적인 상태는 그들을 믿고 그냥 견디기에는 당장 하루하루가 고통스러울 수밖에 없었다.

　"그냥 잘 먹고 살고 있는네 쟤네 때문에 이게 뭐야."

　"글쎄 말이야. 이러다가 다 같이 망하고 우리 모두 뿔뿔이 헤어져야 하는 것 아니야?"

　대부분의 조합원은 시간이 갈수록 초조해하는가 하면 점점 불안 속으로 빠져들어 가기 시작했다. 결국은 회사가 휴업한 후 많은 사원이 노조에 등을 돌리기 시작한 것이었나.

그리고 과거 가난했던 생활에서의 일탈을 위해 고난의 삶을 살아왔던 처남은 평소에 사람들에게 그렇게 야박하지 않았다.

'열심히 경쟁업체와 싸우고 열심히 일해서 많이 벌어서 많이 주자'라는 것이 평소 그의 소신이었다. 사원들이 때로는 사장의 지나친 의욕 때문에 지치고 힘들고 지치기는 했지만, 그를 인색한 사람으로 보는 사람은 별로 없었다. 그래서 그들 중에 다시 회사 편에 서기 시작하는 사람들이 생겨났고 그들을 지원하는 인원은 많이 줄어들어 있었다. 그뿐만 아니라 나머지 열대여섯 명도 그동안 지쳐서 기가 많이 꺾여 있었다.

"옥상에 올라가서 전기를 내리고 2층 기숙사 침대도 몽땅 끌어내어서 태워버려."

기숙사에서 내려진 침대와 가구들이 공장 마당 한가운데 쌓여서 불태워졌다. 그리고 최덕윤 일행들은 어안이 벙벙해서 그냥 물끄러미 우리의 행동을 쳐다만 보고 있을 뿐이었다. 그들의 구호 소리도 들려오지 않았다.

그렇게 난장판이 벌어진 가운데 최덕윤이가 회사에 위장 취업을 할 당시 데려온 세 명 중 한 명이 사장에게 다가가서 손찌검을 했다. 제대로 걸려든 것이었다. 즉시 처남은 징계위원회를 소집하고 최덕윤이는 해고 처리하고 사장에게 손찌검을 한 한 명은 사장 폭행 혐의로 경찰에 고발해버렸다.

다음날 사장은 아침 일찍 부천으로 내려와 나에게 지시를 내렸다.

"이제 둘만 제거하면 되니까 네가 알아서 처리해."

"알았어."

나는 즉시 행동에 들어갔다. 두 사람의 집 주소 그리고 전화번호를 메모하고 한 사람씩 집 밖으로 불러내서 봉투를 내밀면서 회유했다.

"이제 거의 끝났어. 너도 알고 있잖아. 섭섭지 않게 넣었으니까 인제 그만 물러서."

그들은 아무 말 없이 봉투를 집어넣은 채 그의 집으로 들어갔다.

결국, 독을 품은 뱀과 눈에 불을 켠 늑대의 싸움은 초반에 내가 예측했던 것처럼 늑대의 승리로 끝나버리고 말았다.

다만 노동조합위원장 완장을 찬 박성남만이 오갈 데 없는 몇 명과 함께 밖으로부터 최덕윤이의 지시를 받으며 마지막 임무에 충실히 하고 있을 뿐이었다. 그는 생전 처음 들어본 '위원장님'이라는 말에 흥분해서 그보다 더 단순한 몇몇과 함께 최덕윤에게 놀아나 마지막 불쏘시개로 서서히 타버리고 있었다.

하지만 그로 인한 상처는 고스란히 회사의 몫으로 남아버렸다.

그렇게 한여름이 가고 아침저녁으로 제법 선선한 바람이 불면서 가을이 왔지만, 회사 상태는 조금도 나아지지 않았다.

'세월은 이렇게 빨리 가는데, 내가 육체적 정신적으로 물불을 가리지 않고 나를 불사를 수 있는 젊음의 세월이 그렇게 많이 남아 있지 않은데.'

초조하고 불안하고 조바심이 났다.

날씨가 제법 추웠다. 사무실에 히터를 틀어놓고 나는 내 책상 앞에 앉아 모처럼 오랜만에 한가로움을 만끽하며 아직 잉크 냄새가 채 가시지 않은 조간신문을 펼쳐 들었다. 처남은 중국으로 며칠간 출장을 가고 없었다. 며칠 전에 성수대교가 내려앉아 때마침 등교하던 꽃 같은 중·고등학생들을 포함한 많은 생명을 앗아가더니 또 충주호에서 유람선이 전소되어 수십 명이 목숨을 잃었다는 기사가 신문 전면을 모두 장식하고 있었다.

달리던 열차가 전복되고, 여객선이 침몰하는가 하면 비행기가 추락하고……. 수많은 사람이 뒤엉켜서 살아가는 이 세상에 어떻게 사건 사고가 없을까만은 그해에는 유난히도 사건 사고가 참으로 많았다.

나는 신문을 접고 의자를 뒤로 젖혔다. 그리고 6년 전 늦가을 비가 구저분하게 내리던 날 배낭 하나 달랑 둘러 매고 그렇게 많은 한을 안은 채 끝 간 데 없이 떠났던 날을 생각하며 조용히 눈을 감았다.

"6년이라, 참으로 길고도 험난한 세월이었다."

6

1995년 10월 1일.

유난히도 더웠던 지난여름 나는 몹시 지쳐 있었다.

한여름이 가고 바람이 소슬한 가을 저녁 나는 대학 시절부터 절친하게 지내온 친구와 신촌 목로주점에 마주 앉아 돼지갈비를 구워가며 소주를 마시고 있었다.

나는 아무 말 없이 소주를 연거푸 석 잔을 들이켜고 나서 안주를 집으며 말했다.

"한계가 온 것 같아. 이젠 정말 못 견디겠어."

"야, 너 그러지 말고 나한테 와라. 나한테 오면 네가 할 일이 있을 거야."

"글쎄."

"내 생각에는 너 기기시 힐 만큼 했어, 인마. 우선 사람이 살고 봐야지. 그리고 어떻게 사니. 나와라! 나와서 우선 나하고 같이 있자. 너 거기서 받는 만큼 내가 줄게."

"생각해 보자, 자~ 그 얘긴 그만하고 들자."

소싯적부터 내 주위에는 늘~ 좋은 친구들이 있었다. 술이 얼큰해져서 친구와 헤어진 후 나는 집으로 돌아가 아내에게 좀 전에 있었던 이야기를 했다. 아내는 좀 걱정스러운 표정으로 나를 바라보면서 말했다.

"괜찮겠어요?"

"무얼."

"그냥."

말할 수 없이 힘들었던 지난 세월은 아내에게 세상 아무것도 확신할 수 없는 불안의 뿌리를 깊이 내리고 있었다.

"어차피 회사는 희망이 보이지 않아. 어딜 간들 이보다야 못하겠어? 그리고 나로서도 처남한테는 그동안 할 만큼 했다고 생각해. 이젠 더 늦기 전에 그만 내 길을 가야 할 것 같아."

가을이 제법 깊어가고 있을 무렵 나는 육 년이라는 긴 세월 처남과 밀고 당기는 갈등의 생활을 끝내고 우여곡절 끝에 친구가 경영하고 있는 회사의 부사장으로 자리를 옮기게 되었다. 자동차 및 각종 기기의 조립라인에 물류 장비를 설계 제작해서 시설해주는 회사였다.

나는 7년 동안 질곡의 세월을 보내고서야 비로소 한 인간으로서의 대접(?)을 받을 수 있는 삶의 공간으로 자리할 수 있었다.

나는 팔을 걷어붙이고 우선 주어진 일에 매진했다. 열심히 돌아

다니며 일을 거들었고 동두천에 공장을 얻어 구조물을 만드는 일에 몰두하는가 하면 레일을 수입하기 위해 중국에도 다녀왔다.

회사는 이재에 밝은 그 친구의 계산에 맞추어 계속 흑자를 내면서 잘 운영돼나갔다. 안정된 직장, 안정된 수입 속에서 오랫동안의 고되고 불안했던 삶의 허물을 벗으면서 그렇게 세월이 갔다.

"부사장님, IMF가 뭐예요?"

평소에 나를 잘 따르는 직원 하나가 신문을 들여다보다가 나에게 물었다.

"나도 잘 모르는데, 국제 통화기금이라나? 뭐 그런 거래."

"그래서요?"

"그래서는 뭐 그래서야, 국가가 부도가 나서 망할 것 같으니까 IMF라는 큰 은행에 가서 돈 좀 빌려달라고 하는 거지."

"그래서, 빌려준대요?"

"야, 그걸 내가 어떻게 아냐? 빌려주겠지. 하지만 그다음이 문제지."

정권이 정치적 경제적으로 갈피를 잡지 못하고 좌충우돌하면서 노동법과 안기부법에다 어떻게 손을 댔는지 여당 의원들이 구천을 떠도는 귀신처럼 새벽녘에 슬그머니 국회에 나와 손들고 방망이 몇 번 두드리더니 새해 벽두부터 세상이 무척이나 시끄러웠다.

사(私)기업은 물론이고 공공노조까지 파업하고 서울 시청 앞을 비롯한 도시마다 머리에 붉은 띠를 동여매고 거리로 나와 각자

밥그릇을 챙기느라 나라가 온통 난리였다. 그 틈바구니에서 어떤 이는 지나치게 흥분을 한 나머지 분신을 기도하다가 병원에 실려 가기도 하고.

다~ 먹고살자고 하는 짓인데 몸을 망가트려 가면서 그렇게까지 해야 하나 싶기도 하고….

"그래서 아무리 헌 칼이라도 아무 때나 그렇게 빼서 흔드는 게 아닌데 참으로 무능한 정권이다."

시국이 어수선한 가운데 정태수 회장의 한보그룹이 무너지고 무역수지가 계속 적자행진을 하더니 결국, 1997년 12월 3일 IMF에 구제금융을 신청하면서 손을 내밀게 되었다. 어떤 단체든 모두 힘을 합해서 일사불란하게 열심히 하면 흥하고 흩어져 각자가 멋대로 하면 망한다.

그래서 지도자는 아무나 하는 게 아니다.

나는 예감이 안 좋았다. IMF에서 돈을 빌려주면 나라 경제가 그들이 시키는 대로 해야 한다는 것이었다. 구조조정, 긴축재정, 허리띠 졸라매기….

그렇게 되면 우선은 기업, 특히 대기업들을 상대로 할 것이고 그들은 설비투자부터 조일 것이었다. 내가 몸을 담고 있는 회사로서는 치명적이었다.

"참, 삶이 만만치 않구나. 이제 겨우 숨을 좀 쉬는가 했는데."

그런 가운데에서도 대통령은 어찌할 바를 모르고 책임을 통감한다는 말만 되풀이하는가 하면 김대중, 이회창, 이인제는 서로 자기가 차기 대통령이 되어야 이 난국을 해결할 수 있다면서 목

청을 올리고 있었다.

　세상이 완전히 뒤집혔다.

　기업은 줄줄이 도산했고 그렇게 많던 일자리는 온데간데없어졌다. 일자리를 골라가던 대학 졸업생들은 일자리를 찾아 헤매어도 찾을 수가 없게 돼 버린 것이다. 그래서 1990년대 말 대학을 졸업한 학생들은 스스로 저주받은 학번이라고 한탄을 했다.

　누구를 탓하겠는가.

　나라는 생각지 않고 자신의 영달에만 집착한 나머지 무슨 지역, 무슨 지역 해 가면서 많은 어리석은 국민을 이 작은 땅덩어리 안에서 도(道)별로 편을 갈라놓고 그때나 지금이나 도무지 희망이 보이지 않는 편싸움을 하게 만들어놓은 정치인들 그리고 어리석은 다수의 국민 때문이지 않겠는가. 그리고 세상 곳곳에 세력을 만들어놓고 일하지 않고 먹고사는 수많은 기생충 같은 인간들이 그렇게 판을 쳤으니 안 망할 수가 있었겠는가 말이다.

　매출이 없는데 한없이 지출할 수 없는 것이 기업이다. 내가 몸담고 있는 직장도 예외일 수는 없었다.

　그렇게 해서 친구 덕분에 맛볼 수 있었던 대충 2년 동안의 짧았지만 안락했던 세월을 뒤로하고 또 다른 질곡의 장으로 들어설 수밖에 없었다.

　줄지에 또 일정한 수입이 없게 되어버린 나는 전에 내가 사업을 할 때 함께했던 셋째 동생을 찾아갔다. 동생은 사업이 도산한 후 숱하게 많은 고생을 하던 끝에 핸드카를 만들어 팔면서 좀 살만하다가 그놈의 IMF를 맞아 힘든 고비를 겪고 난 후 다시 겨우 제자리를 찾아가는 중이었다.

"너 이걸 지금 어디까지 팔고 있니?"

"밑으로는 대전까지밖에 못 내려가요."

"그럼 내가 조그만 차를 하나 사서 그 경상도, 전라도에 좀 팔면 안 되겠니?"

"그렇게 해요. 어차피 내가 앞으로 쓸 테니까 화물차는 내가 사줄게요. 뭐, 매일 쓸 건 아니잖아요."

"그렇지, 계속 다닐 수야 없지 일주일에 한 번 정도지 뭐."

그렇지 않아도 힘든 동생으로부터 많은 신세를 지면서 나는 핸드카를 트럭에 싣고 경상도, 전라도 지방에만 장사하기로 했다.

"하느님, 잘못했습니다. 한 번만 용서해 주세요. 이제 정말 제대로 살아볼게요. 제발 용서해 주세요."

나는 흐느끼며 있는 힘을 다해 크게 소리를 질렀다. 앞으로는 석탄을 가득 실은 열차가 요란한 소리를 내며 지나가고 있었다.

동생이 사준 화물차에 나는 그날 물건을 가득 싣고 아침 일찍 출발해서 김천을 들러 구미까지 오면서 여러 군데를 들렀지만, 문전박대만 받고 하나도 팔지 못한 채 해가 졌다. 지친 몸을 이끌고 기찻길 옆 여관을 잡아 누우니 서럽고, 또 서러웠다. 슬그머니 나와 길 건너 포장마차에서 꼼장어 한 마리에 소주를 한 병 걸치고 나는 기찻길로 갔다.

마침 석탄을 가득 실은 열차가 요란한 소리를 내며 지나가고 있었다.

아침에 일어나서 차를 몰고 대구의 공구상가에를 들리니 가게마다 전날에 들여놓았던 물건을 다시 꺼내서 진열하며 하루 장사 준비를 하느라 한참 몹시도 분주했었다.

"핸드카 한번 들여놓으시지요."

육십 중반을 조금 넘겼을 것 같은 초로(初老)의 가게 주인인 것 같은 사람 앞에 슬그머니 차를 세우며 물었다. 뒤를 돌아 차위를 훑어보면서 무심한 표정으로 물었다.

"한대에 얼맹교?"

"예, 이만칠천 원입니다."

"몇 댕교?"

"예, 백이십 대입니다."

"이만오천 원! 요 뒤 창고에 몽땅 내리소."

"예, 감사합니다."

전날 서울을 떠나서 지금까지의 상황으로는 도저히 이해가 가지 않는 일이 벌어진 것이었다. 나는 창고로 차를 몰면서 열심히 머리를 굴렸다.

"이만오천 원 곱하기 백이십 대…. 그러면 딱 삼백이네. 거기서 원가를 빼면…."

창고로 가서 물건을 다 내려놓고 가게로 가니 주인이 백만 원권 수표를 석 장 준비해놓고 기다리고 있었다.

"추운데 수고 했십더. 자, 기피나 한 잔 하소."

그렇게 해서 그와 나는 그 후 제법 오랫동안 인연을 이어가면서 장사를 했다.

겨울 날씨가 봄날 같았다.

추풍령고개 휴게소에 들러 창가에 앉아 나는 지나가는 사람들을 쳐다보면서 가락국수 한 그릇을 먹고 있었다.

"그래 이렇게 몸부림을 치는 거야. 그래야 공간(空間)이 생기고 그래야 숨을 쉬지 계속 몸부림을 치다보면 더 큰 나만의 공간이 생길 거야, 그래서 다시 한번 날아보자."

비록 가락국수이기는 했지만, 그 순간 나는 참으로 행복했다.

"생활비에 보태. 이렇게 열심히 다니다 보면 우선 먹고살기는 할 거야. 그러다 보면 또 좋은 일이 생기겠지."

"당신 고생이 많지 뭐, 너무 무리하지 말아요."

나는 트럭을 몰고 열심히 남쪽 지역을 돌면서 장사를 했다. 때로는 전에 사업을 할 때 거래하던 가게 주인을 만나기도 했었고, 때로는 쌓인 눈 위에 볼트, 너트를 쏟아놓고 손을 호호 불어 세면서 눈시울도 붉혔지만 나는 가족을 책임저야 한다는 일념으로 최선을 다했다. 하지만 생활에 대한 위협은 항상 나를 짓누르고, 불안한 앞날이 나를 두렵게 했다.

"처제, 내가 전에 하던 무역을 좀 해볼까 하는데 처제가 가지고 있는 상가 4층 창고 한쪽에 책상 좀 놓으면 안 될까?"

"형부, 그렇게 하세요."

무언가 하지 않으면 안 되겠다는 생각에 처제에게 전화를 걸어 부탁했더니 흔쾌히 승낙해 주었다. 책상을 드려놓고 전화, Fax를 놓았지만 당장 뾰족한 수는 없었다.

　그래도 그 무렵 아들은 의대를 졸업하고 커다란 종합병원에서 인턴 생활을 하면서 제 앞가림은 하고 있었고 딸아이도 대학을 졸업하고 항공회사에 승무원이 되어 벌써 몇 년째 비행기를 타고 있었다. 무거운 짐은 모두 내려놓고 이제 우리 두 내외만 앞가림만 하면서 살아가면 되는데 무책임한 정치꾼들로 인해 나라가 IMF 채무국가로 전락해 버리고 말았던 것이었다.

"둘째야, 혹시 한 오십만 원쯤 있으면 좀 줄래?"
"지금 없는데요. 그런데 형 지금 뭐 하세요."
"세운상가 보일러가게 창고 구석에 앉아서 무얼 좀 해볼까 하고 있는데 아직 좀 막연해."
"보일러, 보일러? 형 저한테 한번 와볼래요?"
　한여름 날씨는 찌는 듯이 더웠다.
　어떻든 전화를 끊은 후 나는 더 지체할 것도 없이 둘째 동생이 있는 양재동 교원회관으로 달려갔었다.
　남자 형제 중에 바로 밑에 동생인 그는 남달리 머리가 영특해서 어려서부터 늘 수재 소리를 들으면서 커 왔다. 하지만 그는 형제 중 유난히 몸이 허약해서 내 권유로 운동을 하기 시작해서 검도와 합기도 고수의 경지에까지 올랐다. 서울에서 명문대학을 나와 수재들만 들어간다는 KAIST를 졸업하고 미국 유수 대학에서 공학 박사학위를 받았으니까 보통 인물은 아니지 않나 싶다. 그렇게 해서 미국 대기업에 취직해서 연구원으로 일하다가 귀국

해서 수 처리 약품 회사를 경영하고 있었지만, 그의 미국적인 사고와 친분 관계가 오가고, 뒷돈 등을 중시하는 한국적 사고가 맞지를 않는 듯 사업적으로 적지 않게 고전을 하는 중이었다.

아마 내가 한 생을 한 가정의 맏아들이란 짐을 지고 살아왔다면, 그는 집안을 일으켜 그간의 침체에서 일탈하여 상류사회로 진입시켜야 한다는 더욱더 무거운 짐을 지고 살아왔는지도 모른다.

아무튼, 그의 영특함은 우리 집안 모두가 상류사회로 들어서는 언저리에서 꿈꾸며 어슬렁거릴 수 있게라도 하였던 희망이었던 것만은 틀림이 없었다. 자의든 타의든 간에 지워진 그 짐이 그에게는 아마 무척이나 벅차고 힘들었을 것이고 그것을 조금은 이해할 수 있었다.

어떻든 그렇게 미국에까지 가서 박사가 된 것은 그를 항상 희망으로 마음에 품고 살아왔던 우리의 모친이 원 없이 미국 바람을 쐬는 데 결정적인 공헌을 했으며 또 유별나게 나서기 좋아하는 모친에게 어디서나 휘두를 수 있는 저팔계의 삼지창 같은 역할을 하는 데는 전혀 손색이 없었다.

찌는 듯한 삼복 무더위 속에 그의 사무실로 찾아간 것은 훗날 오랫동안의 힘들고 고단했던 삶에서 벗어나 나름대로의 날갯짓을 할 수 있었던 결정적인 계기가 되었다.

동생은 조그만 쇠붙이들이 들어있는 플라스틱 통 두 개를 응접탁자 위에 준비해놓고 나를 기다리고 있었다.

"형, 식사했어요?"

"아직."

"이것 잠깐 하고 식사하러 갑시다."

동생은 플라스틱 통에 둘 다 물을 채우고 그중 하나에다 준비해둔 액체를 주사기로 딱 두 방울을 떨어트린 다음 하나는 그대로 뚜껑을 닫은 후 "자 이제 식사하러 갑시다" 하고 일어섰다.

우리는 답답한 일상을 이야기하며 반주를 곁들여 느긋하게 식사를 하고 그의 사무실로 돌아왔다.

"아니, 어떻게 이럴 수가 있냐?"

플라스틱 병 둘 중의 하나는 그사이 녹물이 우러나서 황색을 띠워가고 있었고 또 하나는 처음 맑은 물 그대로였다. 화학을 전혀 모르는 나에게는 기적 같은 일이었다. 무엇인가를 접하면 본능적으로 그것에 대한 사업적 구상으로 연결하는 나의 특성이 서서히 고개를 들고 있었다.

"형, 지금 우리나라에서는 낮에 쓰고 남은 전기가 심야에는 남아돌아가서 밤에는 그 전기를 땅에다 버리고 있어요. 그래서 그 남아돌아가는 심야 전기를 사용하기 위해 한전에서 시설비를 보조하고 보일러회사로 하여금 심야 전기보일러를 만들게 해서 전국적으로 보급하기 시작하고 있는데 그 보일러 안에는 약 3톤의 물이 들어가고요. 심야에 그 물을 덥혀서 밤에 사용하고 나머지는 낮에 사용해요."

"그럴 수 있겠다."

보일러회사에서 한동안 몸담아왔고, 또 그래도 공학이라는 것을 전공했던 나로서는 곧 이해가 되는 말이었다. 물이 담겨 있는 보일러는 녹이 슬 것이고 저수위, 열 감지 센서에 스케일 및 이물질이 달라붙으면 오작동이 날 것이다. 그렇다면 필수적으로 이 약품은 필요할 것이 아닌가. 내가 단숨에 거기까지 생각을 하게 된 것은 그렇게 어려운 일이 아니었었다.

"제가 공장에 얘기해서 약품을 출고하게 할 테니 형 한번 팔아볼래요?"

"알았어, 고맙다."

동시에 내 머릿속에는 지도가 깔리고 전국 방방곡곡을 누비기 위해 나는 이미 차를 몰고 달려가고 있었다.

7

우선 상호를 만들고 인쇄업을 하는 친구를 찾아가서 라벨을 맞췄다. 그리고 동생에게서 물건을 얻어다가 라벨을 붙이니 그럴 듯했다.
　나는 우선 전에 보일러회사에 몸담고 있을 무렵 나와 같이 일하다가 퇴사한 후 그 당시 유명 보일러 대리점을 하고 있는 지인을 찾아갔다.
　"김 형, 지금은 두 개가 똑같지만 아마 내일 아침이면 하나는 녹물이 우러나고 나머지 하나는 지금 상태 그대로 있을 거요. 심야 전기보일러에 이거 한 통만 넣으면 녹이 안 슬고 히터에 스케일도 안 끼어. 서로 좋은 일이니 한번 생각해 보시고 전화 주시오."
　나는 얼마 전 동생 사무실에서 한 것과 같이 플라스틱 병 두 개를 내어놓고 물을 부어 실험해준 다음 집으로 돌아왔다. 다음 날.

"공장장님, 그 약품 오늘 한 차만 가져다주세요."

그렇게 해서 보일러 부식방지제 약품 판매가 시작되었다.

나는 남쪽으로는 전라남도 해남에서부터 강원도 고성에 이르기까지 1톤 화물차를 몰고 전국 방방곡곡을 누비며 미친 듯이 돌아다녔다. 조금이라도 더 가기 위해서 자정이 넘은 시간에 눈보라를 뚫고 영주를 지나 제천까지 가기 위해 죽령고개를 넘다가 차와 함께 미끄러져 낭떠러지로 떨어질 뻔도 했었다. 그렇게 정신이 나간 사람처럼 나는 어쩌다 잡은 기회를 놓치지 않으려 화물차를 몰고 밤과 낮을 가리지 않고 달리고 또 달렸다. 삼복더위에 전라남도 해남까지 가서 여관비가 아까워 주머니가 터지도록 돈을 넣고도 1톤 화물차 뒤 비좁은 공간에서 모기에 물려가며 새우잠을 자기도 했었다. 몸부림이었다. 나의 생과 사를 결정할지도 모를 그야말로 처절한 몸부림 그 자체였다.

사실 나는 경제적인 논리 자체가 거의 전무한 상태에서 유년의 세월을 지냈다. 그리고 그런 상태는 성년의 문턱에 다다를 때까지 이어졌다. 돈은 그냥 있으면 쓰고 없으면 어떻게 이리저리 마련하고 내가 마음만 먹으면 언제라도 만들어 쓸 수 있는, 세상에 널려있는 종잇조각에 불과하다는 그런 막연한 생각으로 살지 않았나 싶다. 덜 떨어졌던 건지, 멍청했던 건지.

그렇게 세월이 흘러 성년이 되고 집사람을 만나 가족을 거느리다 보니 돈의 필요성을 느끼게 되었던 것 같다. 그리고 그때가 되어서야 그 돈이라는 것을 좀 벌어야겠다는 생각을 하기에 이르렀다. 그런데 그 돈이라는 게 잠깐 서두에 언급한 바와 같이 처음에는 그런대로 제법 잘 벌리는 것 같기도 했다. 하지만 그게 황소 뒷걸음질하다 쥐 잡은 격이지 허구한 날 그렇게 벌리면 돈이 돈이겠는가. 그 후 엄청난 시련의 세월을 겪고 난 후에야 겨우 그 돈이라는 것이 나를 죽일 수도, 살릴 수도 있는 절대 필요 요건의 종잇조각이라는 것을 나는 절감할 수 있었다.

"다시는 그 힘들었던 시절로 돌아가면 안 돼! 그 돈이라는 게 사람을 죽였다 살렸다 하더라고. 다른 건 없어도 그건 꼭 있어야 돼."

정말 멍청한 놈이다. 그걸 이제야 알았냐?

때마침 심야 전기보일러가 전국적으로 퍼져 나가기 시작하는 시기와 맞물려 약품은 생각 밖으로 잘 팔려 나갔다.

"웬일이에요? 이렇게 많은 돈을."

"메뚜기도 한철이야! 앞으로 어떻게 될지 모르지만 우선 생활비로 써."

끝이 좋으면 다 좋은 거라고 했다. 어떻든 그 돈이라는 게 제법 들어오니까 좋았다. 그간의 각박하고 긴박했던 삶을 살아오면서 우리 부부는 '그래, 우리의 끝은 틀림없이 좋을 거야' 하는 희망을 놓아 본 적이 없었다. 꿈, 희망, 오늘보다는 내일이 나을 것이라는 기대 그런 것들이 있었기에 우리는 힘들어도 좌절하지 않고 살아갈 수 있었다.

죽을힘을 다해서 정신없이 뛰어다니는 나를 보고 주위에서는 부러움 반 혹은 시기 반으로 가끔 거드는 사람도 있었다.
"건강도 생각해야지, 조금씩 쉬면서 해라. 돈도 좋지만, 사람이 살고 봐야지."
때로는 주위에서 쉬운 말로 그렇게 걱정들을 해주기도 했었다.
"건강? 그런 거 한가한 사람들이나 하는 소리야. 사업은 공기나 물 같은 거야. 하다가 망하면 죽을 수밖에 없더라고. 내가 해 봤거든. 어차피 죽을 거라면 성공이라는 거 한번 해보고 죽을래."

2000년 8월 20일.
구로동 중앙유통단지에 두어 평 되는 사무실을 얻고 간판을 달았다.
〈애큐랩통상〉
그렇게 해서 내가 간절히 꿈꾸어오던 나만의 인생 후반의 사업이 시작될 수 있었다. 꿈만 같았다.
'형제님, 그럼 앞으로의 세월이 지금보다는 조금씩이라도 나아지지 않겠습니까. 지금 형제님께 닥쳐온 수난은 주님께서 형제님께 내일을 위하여 내려주신 은총일 수 있습니다. 부디 절망하지 마시고 주님께 의지하며 열심히 기도하며 사십시오. 형제님 앞날에 하느님의 가호가 있기를 기도합니다. 보석으로….'
십이 년 전이었다.
"어차피 네가 할 일이 아니라면 형이 만들어서 팔아 볼 테니 만드는 방법을 좀 알려다오. 조그만 창고라도 얻어서 만들어 볼게."

"그래요, 형이 그렇게 하는 게 저한테도 좋아요."

나는 경기도 시흥시 변두리에 간이건물을 얻어 오래전 사업에 실패하기 전 같이 일하던 직원을 불러들여 정식으로 사업이라는 것을 다시 시작했다.

보일러 설비 월간지에 광고도 하고 설비업체마다 우편물도 발송하면서 최선을 다해 장사했다. 둘이서 물건이 달리면 영하 십몇 도를 오르내리는 엄동설한(嚴冬雪寒)의 밤에도 물건을 만들면서 낮에는 각자 차를 몰고 전국을 누비며 다녔다.

"보일러 부식 방지제입니다. 보일러에 이 약을 넣으면 부식도 안 되고 스케일이 생기지 않아 잔 고장도 안 생깁니다. 한번 팔아보시지요."

하면서 쇠붙이가 담긴 플라스틱 통을 꺼내놓고 보여주면

"에이, 여보쇼, 보일러에 녹도 안 생기고 고장도 안 나면 우린 뭐 먹고 살아."

하는 문전박대를 수없이 당해보기도 했었다.

하지만 물러설 곳이 없었다. 그냥 가지 않으면 딱히 방법이 없었으니까.

그래도 약품은 잘 팔려 나갔다. 아내의 얼굴에는 오랜만에 화색이 돌았고 통장에는 돈이 생각 밖으로 쌓여갔다.

하지만 삶의 빚이란 세월이 간다고 해서 감해지는 게 아닌 모양이었다.

그동안 못했던 자식 노릇, 남편 노릇, 아비 노릇, 형 노릇 그리고 그간 살아오면서 진 모든 삶의 빚이 흘러가는 세월 속에서도 고스란히 남아 유령처럼 내 곁을 지키고 있었다. 하지만 어쩌겠는가. 그렇게 해서라도 갚고 갈 수 있다면 좋은 거지.

그러던 어느 날 아들아이가 다가왔다.
"아버지, 저 사귀는 여자 친구가 있는데요."
"그래? 어떤 아인데."
며느릿감으로 아들이 소개한 여식은 여러 남매 중에 맏으로 태어나 우리나라에서 가장 좋다는 대학을 나와 그 대학에서 박사과정을 밟고 있는 재원의 처녀였고, 무슨 연예인처럼은 아니었지만 예뻤다.

아내도 만족스러워했고 나도 마음이 흡족했기에 좋은 며느릿감이라 생각하고 흔쾌히 승낙했다. 그리고 양가의 만남에 이어 결혼을 시키기에 이르렀다. 그래서 그간 아내가 억척같이 모아 놓은 얼마간의 돈이 큰애 살 집을 마련하고 결혼식을 치르는 데 모두 들어가면서 재정은 다시 원점으로 돌아가지 않을 수 없었다. 여느 부모 마음이라는 게 다 그렇듯이 그래도 더 못 해준 것이 마음 한구석을 무겁게 하는 것을 어쩌겠는가.

그랬던 며느리는 지금은 어엿한 모 국립 대학교 교수로 재직하고 있다. 그리고 예쁜 딸, 아들을 낳고 잘 살아가고 있다. 손녀딸은 국립 한국예술종합대학교 졸업반이고 지금 해외 유학을 준비하고 있다. 늦둥이 장손은 아직 초등학생이다. 덕분에 우리 내외는 많이 행복하다.

다행히 동생 덕에 새로 시작한 사업은 그런대로 순항하고 있었다. 사업 부도로 인한 지난날의 악몽이 가끔씩 살아나서 한밤에 나를 괴롭히기도 하지만 매번 공휴일이 지나고 세상이 돌아가는 날이 되면 즐거운 마음으로 차를 몰고 회사로 향한다.

나는 항상 노는 날이 싫다. 모두들 활기 있게 움직이며 바쁘게 세상이 돌아가면 그게 좋다. 부도가 나고 기면서 생활하던 시절 시골 다방에 앉아 "부장님" "과장님" 하면서 직책을 부르며 일과 애기를 주고받던 사람들을 바라보며 얼마나 부러워 했던가. "사장님!" 하는 호칭을 들으면서 노력하는 만큼 결실을 맺고, 만족하면서 살아갈 수 있는 지금, 나이가 먹어서 더 이상 커다란 욕심을 부리지 않아도 되는 지금이 나는 참 좋다.

어쩌다 딸아이와 길을 걸을 때면 길을 가는 많은 사람이 우리를 힐끔거리며 쳐다보고는 했다. 딸아이는 키가 큼지막하고 정말 예쁘다. 그래서 고등학교를 진학한 후에는 한시도 마음을 놓지 못하고 아내와 나는 긴장 속에서 살아야만 했었다. 더욱이 고등학교를 졸업하고 대학에 들어간 후에는 또 다른 전쟁을 치러야 했었다.

"지금 열시 다 돼 가는데 왜 안 들어와."

"지금 홍대 앞인데 곧 들어갈 거야."

한참 나이에 친구들과 어울리다 보면 시간에 맞추어 귀가한다는 게 그렇게 만만할 수야 있겠는가. 그냥 사정없이 흘러가는 시간이 야속할 뿐이겠지. 잘 알지만, 부모의 마음이라는 게 또 그렇지가 않았다.

"지금 열 시가 넘었어. 어떻게 된 거야."

"지금 막 마을버스 타러고 해. 금방 갈게."

마을버스가 몇 번을 왔다 갔다 할 시간이 지나도록 "금방 갈게" 하던 딸아이는 시간을 넘기는 것이 일쑤였다. 그렇게 딸아이와 우리 내외는 허구한 날 밀고 당기면서 전쟁 아닌 전쟁을 하면서 지냈다. 어울려 다니며 놀아도 또 놀아도 성에 차지 않을 나이에 그 아이인들 얼마나 힘들었겠는가.

대학을 졸업하고 항공사 승무원이 돼서는 일 년에 거의 반 이상을 해외에서 지냈다. 국제선을 탈 때는 거의 새벽녘에 일어나서 공항까지 데려다주었다. 추운 겨울 엄동설한 그것도 밤도 새벽도 아닌 시간에도 딸아이는 한 번도 거르지 않고 스스로 일어나 화장을 한 후 여행 가방을 챙겨 들고 앞장을 섰다. 영하 십몇 도를 오르내리는 여명(黎明)의 시간, 차가운 새벽 공기를 가르며 달리는 차 창 밖으로 거리에는 청소부들이 하얀 입김을 내 품으며 청소를 하고 있었고 따뜻하게 히터를 틀어놓고 달리는 차 안에서 우리는 밖을 내다보면서 이심전심 행복했었다. '나에게도 이런 날이 올 수 있었구나.' 몇 년 전만 하더라도 상상조차 할 수 없었던 꿈같은 현실이었다.

딸아이는 매월 타는 급여를 모두 엄마에게 맡기고 본인은 각종 수당으로 용돈을 쓰면서 지냈다.

그렇게 착하고 눈에 넣어도 아플 것 같지 않던 딸아이에게 남자친구가 생겨서 시집을 가게 됐다. 우리는 중국요리 집에 예약

하고 딸내미의 남자친구와 만나서 식사했다. 서글서글하고 인상이 좋은 친구에다가 직업도 내과 의사였었다. 하지만 평생 술 좋아하는 남편 덕에 마음고생을 심하게 해온 아내에게는 그 친구가 술을 좀 좋아한다는 게 마음이 놓이지 않았다.

"다 좋은데, 술을 좋아해서 걱정이에요."

"술을 전혀 하지 못하고 꼬장스러운 녀석보다는 좀 하는 게 좋긴 좋은데 글쎄."

"그래도 술버릇이 어떤지 당신이 한번 만나서 알아보세요."

"글쎄, 그렇게 한번 만나서 술을 먹어본다고 그 근본을 알 수 있을까?"

어떻든 나는 날을 잡아 무교동에서 그 친구와 만나 족발을 시켜놓고 소주를 먹었었다. 나도 술 하면 자다가도 벌떡 일어나는 사람인지라 제법 죽이 맞았다. 얼큰히 취기가 올라 집에 돌아온 나에게서 나온 말은 예상했던 대로였다.

"그만하면 됐어. 하도록 해."

그렇게 해서 아들아이에 이어 딸아이까지 짝을 찾아 제주도까지 가서 서귀포 KAL호텔에서 결혼식을 하기에 이르렀다.

아들아이는 어려운 가운데에서도 이리저리 긁어모아 그런대로 부모로서 얼굴은 선 것 같은데 딸아이한테는 그렇지 못했다. 바닥까지 긁어 아들 혼사를 치른 지 얼마 되지를 않아 당시에 형편이 그렇지가 못했다. 우리 내외는 차차 살아가면서 보충해 주기로 하고 우선 딸아이가 그동안 벌어 쌓아놓은 돈으로 이리저리 꿰맞추어 결혼식을 치렀다. 하지만 그것은 두고두고 딸아이에게 미안함으로 남아 이 글을 쓰는 지금도 마음 한구석이 짠~하고 언젠가는 갚아야 할 빚으로 자리하고 있다.

딸아이 내외가 신혼여행을 다녀오고 살림을 시작하면서 아내가 둘이 있는 자리에서 딸아이에게 당부했다.

"너 절대 김 서방 이기려고 하지 마. 여자가 드세면 집안이 편치가 않아."

"아니에요. 내버려 두세요. 부부간에 이기고 지는 게 무슨 의미가 있어요. 그게 그거지요. 밖에서만 지지 않으면 돼요. 걱정하지 마세요."

항상 든든하고 듬직한 사위로 남아 있어 주어서 그때나 지금이나 참 고마운 사람이다. 그랬던 사위는 내과의원을 개업해서 역시 딸, 아들 낳고 잘 살아가고 있다. 외손녀는 서울 명문 이화여자대학에서 미술을 전공하고 있다. 손자는 고등학생이다.

역시 우리 내외는 덕분에 많이 행복하다. 고마운 일이다.

삶의 경쟁이란 생각보다 치열했다. 그런대로 이제 좀 조용히 먹고사나 싶었는데 얼마 후 하나둘씩 후발 주자들이 나타나기 시작하면서 경쟁이 치열해지고 이익도 줄어들기 시작했다.

"세상에 공짜는 없구나."

사업이란 것이 물과 같아서 끝없이 흐르지 않고 고여 있으면 썩어버리고 만다는 것을 그간의 경험으로 나는 잘 알고 있었다.

"그래 올 것이 온 거야. 가야 하는데, 가지 않으면 안 되는데, 어디로 간다?"

나는 다급하고 답답했다. 옛 생각하면서 '그래, 그래도 이게 어디냐. 이 정도면 내게 과분하지' 하면서 데려온 한 사람 내보내고 혼자 그냥 만들고 팔고 하면 아내와 함께 두 사람 그럭저럭 먹고 살기야 하겠지만, 이왕 내친김에 더 가고 싶었다. 기회였으니까.

우여곡절 끝에 시작한 이 일 하나만이라도 제대로 한번 해 봐야 형편없이 초라했던 내 지나간 세월을 그나마 제 위치로 돌려놓을 수 있을 것 같은데.

초조했다.

생각하기조차 끔찍했던 과거로의 회귀는 더구나 상상하기조차 싫었고 그렇다고 그냥 그렇게 있을 수만도 없었다.

그렇게 마음속으로 방황을 거듭하고 있을 때 동생으로부터 연락이 왔다.

"형, 오늘 저녁에 시간 있으면 나 좀 만나요."

동생이 보여준 것은 냉각탑은 글자 그대로 더워진 물을 냉각시키는 역할을 하는데 더운물로 인해서 냉각탑 안에 많은 이끼 또는 미생물이 번식해서 냉각 효과를 떨어트린다는 거였다. 보통 염소를 써서 소독하지만 염소로 인해서 냉동 장비가 부식되고 또 계속 쓰다 보면 저항력이 생겨서 소독약으로서 역할을 못 할 수도 있다는 것이었다. 대체품으로 브롬이라는 게 있는데 가격이 많이 비싸다고 한다. 그래서 동생이 같이 일하는 친구(화학공학박사)와 저렴하게 브롬을 생산할 방법을 발명해내서 국내는 물론 미국에서까지 발명 특허를 받았다는 것이었다.

화학적인 이야기라서 자세한 내용까지는 모르겠지만 대충 무슨 이야기인지는 알아들을 만했다.

"우리 회사는 어차피 대기업을 상대로 영업해야 하니까 그 외에도 빌딩을 비롯해서 조그만 패키지 냉각탑들이 무지하게 많아. 형이 그것들을 상대로 영업하면 어떨까."

"어떻긴 뭐가 어때 나야 땡큐지."

카탈로그를 만들고 신문에 광고도 냈다. 많은 기대를 걸고 시작했지만 좀 큰 건물들은 대부분 건물관리회사에 위탁관리를 맡기고 있는 곳이 대부분이고 위탁을 맡은 관리회사는 아무리 물건이 좋아도 그 건물의 꼭대기에 앉아있는 냉각탑이란 것에 의외로 생각했던 것처럼 그렇게 관심이 있지 않았다. 관심이 있다 해도 학연 지연이 없이는 다가가기가 몹시 힘들었다. 특허증과 그 외 여러 가지 증빙서류를 보여주어도 도무지 현실적인 고정관념이란 벽이 혁파하기에는 지나칠 정도로 두꺼웠다.

납품업자, 무엇을 가지고 어디에다 납품한다는 것이 어떠한 유(類)의 연(緣)이 없으면 너무나도 힘든 사회라는 것을 뼛속 깊이 절감했다. 어쩌다 학연 지연으로 얽혀있는 사람의 소개로 찾아가면 십중팔구는 성사되고는 했지만 소개한 사람에게 인사하고 나면 별로 실속이 없었다.

하지만 막 시작하는 단계에서 우리는 실속을 따지고 어쩌고 할 겨를이 없었다. 어떻게 해서 줄이 닿으면 무조건 매달렸다. 얼마가 남고 안 남고는 차후 문제고 조금이라도 남으면 밤을 새워서 뛰어다니는 한이 있더라도 우선은 팔고 봐야 했다.

그때 나는 K 고교 동문회장으로 있는 민 회장님을 만났다.

대충대충 하면서 덤벙거리는 나와는 달리 매사에 빈틈이 없으신 분이라 서로 소통하기에 아주 힘들기도 했지만 제법 굵직한 거래처를 확보할 수 있어서 회사의 이름을 알리는 데 많은 도움이 되면서 덕분에 서서히 기틀을 다져 갈 수 있었다.

친구 관계를 통해서 이리저리 얽히면서 알게 된 윤 사장과는 운명적인 만남이었다. 전에 친구 회사에 부사장으로 잠시 있을 때 거래 관계로 알게 되었고 냉각수 처리제사업을 시작하면서 또다시 우연찮게 만나 사업적 인연을 맺으면서 지금껏 대부분을 터놓고 절친하게 지내고 있는 사이다. 그는 내 절친한 친구 명우의 대학원 동문이기도 하다. 흔히 하는 말로 법 없이도 살 양반이다.

말이 나와서 좀 보태면 내게는 좋은 친구들이 제법 있다. 하지만 그중에도 대학 동기이면서 그 시절 유난히도 어울려 다니며 두 주를 불사했던 명우는 각별하다. 그는 돈키호테 같은 친구다. "이룩할 수 없는 꿈을 꾸고, 이루어질 수 없는 사랑을 하고, 싸워 이길 수 없는 적과 싸움을 하고, 견딜 수 없는 고통을 견디며, 잡을 수 없는 저 하늘의 별을 잡자." 세르반테스의 『돈키호테』중에 나온 말이다. 좀 엉뚱하고 싱겁기가 말할 수 없지만 가리는 게 없는 친구다.

"야! 가릴 게 뭐가 있냐. 뭐 기릴 게 있어야 가리지."

자기 이야기는 하나도 안 하고 남더러만 솔직하라는 불편한 사람이 너무도 많은 세상이다. 하지만 그는 아무리 들여다보아도 가린 것이 없는 친구다. 그래서 편하고 얼마를 보지 못하고 지내면 보고 싶어지는 나에게는 좋은 친구다.

그렇게 저렇게 얽히고설켜 한세상을 살아가면서 칠순을 넘어 어느덧 중순에 와 있지만, 모두가 정겨운 사람들이다.

지금 곁에 있으면 더욱 정겹고 많은 힘이 되어주었을 생일이 조금 빠른 동갑내기 내 육촌 형, 지금은 유명을 달리해서 저세상으로 갔지만, 많이 의지가 돼주었던 상협이 형 이야기를 여기 몇 줄 넣지 않을 수가 없다.

그는 직업이 '방송작가'였다. 지금 내 또래 윗사람들은 대부분이 익히 들어 알 만한 유명한 성우가 진행하던 라디오 프로그램의 원고를 도맡아 쓰면서 그 동네에서는 제법 행세를 하던 형이었다. 그러던 어느 날 그 형이 날 찾아왔다.

"글 써서 생활이 안 돼. 그리고 이제 물러날 때도 됐고. 애들이 나보고 대놓고 꼰대래. 이참에 나도 장사 한번 해보자."

그렇게 해서 그 형도 한몫 끼게 되었고 조금씩 틀이 잡혀갔다. 조금 여유가 생기면 안사람들과도 어울려서 여행도 다니고 식사도 하면서 그렇게 지냈다.

소싯적에는 못하는 운동이 없었고 날래기가 비호같았던, 그래서 혹 무슨 일이 생기면 일당 서너 명 정도는 게 눈 감추듯 했던 형이었다. 그래서 같이 다니면 늘 든든했고 즐거웠다. 그러던 형이 어느 날 홀연히 세상을 달리하고 말았다.

매사에 침착하지 못하고 조금 덜렁거리는 내가 가끔 잘못을 해도

"괜찮아. 그럴 수 있어."

약속 시간을 한참이나 지나 나타나도.

"별일 없어? 별일 없으면 됐어. 앉아."

하면서 손에 들고 다니던 책 아니면 신문 쪼가리를 골똘히 읽다가 빙그레 웃으면서 쳐다보고는 했던 그 형이 지금 참 많이 그립다.

"형, 거긴 어떠우. 지낼 만 허우?"

다정(多情)했던 사람들이 세월을 따라 이렇게 떠나간다. 그리고 나도 언젠가는 그럴 것이다. 그게 인생(人生)이다.

그렇게 해서 수 처리 약품 사업은 본격적으로 시작되었고 여러 가지 힘든 일이 있어도 최선을 다해서 헤쳐 나가며 그런대로 조금씩 자리를 잡아갔다.

"천천히 가자. 이제 크게 돈 들 일 없고 둘만 먹고살면 되니까 급한 것 없어."

나는 애써 느긋하고 침착하려 애썼지만, 현실은 나를 그렇게 느긋할 수 있도록 내버려 두지 않고 그동안 지난했던 삶 중에 미루었던, 지출해야 할 벅찬 일들이 줄줄이 나를 기다리고 있었다.

올림픽이 나던 해 늦가을 비가 구질구질하게 내리던 날, 꿈과 희망을 송두리째 접고 대책 없이 길을 떠나 처남 회사로 구지소로 또다시 처남 회사로 그리고 친구 회사, 이어서 닥쳐온 IMF,

핸드카 행상, 호스 릴 관계 회사의 알바 그리고 애큐랩통상. 그렇게 긴 세월을 닥치는 대로 잡초 같은 인생을 끝 간 데 없이 내몰리며 살아오다 보니 그동안 집이나 장만하고 두 아이 공부시키고 결혼까지 시키고 나니 몸은 이미 지쳐 있었고 어언 환갑을 눈앞에 두었지만, 손에 가진 것이라고는 달랑 별로 값도 나가지 않는 집 한 채가 고작인데 아직 내 어깨에는 내려놓지 못한 짐들이 가득했다.

"더 가야 하는데 쥐뿔이라도 손에 쥐려면 더 가야 하는데."

서럽고 고달픈 마음에 하루는 한동안 소원했던 연남동 모친(母親)께 들렀다. 마침 여동생과 매부 그리고 동생들도 있었다.

"나는 처가에 가지도 못하는데 김 서방은 이렇게 자주 오네."

뭐 대충 이렇게 말이 나왔던 것 같다.

지치고 힘들어서였을 게다. '나는 처가는커녕 부모에게조차도 자식 노릇을 못 해서 항상 죄스러운데 그래도 김 서방이 이렇게 내 역할을 대신 해주니 참 고맙다'는 이야기를 한다는 게 생각과는 달리 그렇게 말이 나와 버렸다.

매부는 몹시 마음이 상해서 집으로 가버리고 그렇게 해서 사이가 소원해졌다.

별로 한 일도 없고 내세울 일도 없이 그럭저럭 세월이 가고 칠십 줄에 섰지만, 서른셋 젊은 나이에 부친께서 가시고 그간 사십 년을 맏이라는 생각 그래서 결국 집안에 모든 대소사를 짊어지지 않으면 안 된다는 책임감을 평생 놓아 본 적이 없이 살아왔었다.

그래서 때로는 외롭기도 했고 능력에 부쳐 서럽기도 했다. 그러는 동안 하나 있는 여동생이 옆에 있어 주어서 그래도 든든했다. 하지만 육십 평생을 살아오면서 단 한 번도 오빠 노릇을 해준 적이 없었기에 늘 미안하고 더불어 고맙기 그지없었다. 사는 게 왜 그렇게 힘들기만 했는지 무능했던 나 대신에 내 역할까지 맡아 하느라 고생 많이 했던 무던한 동생에게 미안했다.

산전수전(山戰水戰) 겪으면서 긴 세월을 살아오는 동안 대충 단련도 되었을 만도 했는데 당시에는 상황이 몹시도 답답하고 한심스러웠던 모양이었다.

'육십 평생 살아왔는데 전후 관계야 어떻든 지금 나에게는 가진 것이 너무 없다. 이제부터 누구에게라도 손 벌리지 않고 집사람과 살아나가려면 벌어야 하는데.'

애기가 좀 빗나갔다.

어떻든 그렇게 냉각탑 약품 사업을 시작했지만, 약품을 제조하고 영업을 하고 서비스를 하는 것은 생각처럼 그렇게 만만치가 않았다. 지금은 그런대로 이력도 생기고 그동안 이런저런 일을 겪으면서 쌓인 알량한 지식으로 제법 전문가 흉내도 내고는 하지만 그때는 도대체 내가 제대로 잘하고 있는 것인지, 아닌지 자신이 없었고 간혹 사용자 측에서 무언가를 물어오면 그냥 대충 얼버무리고는 할 수밖에 없었다. 물에다 원료를 섞어 약품을 만들면서도 왜 이 원료를 넣어야 하며 이 원료가 약품 속에서 무슨 역할을 하는지 때로는 동생이 대략 설명을 해 주어도 나는 무슨 말인지 이해하기가 힘들었고 같이 있는 배 군은 더욱 그랬다. 고객이 당신네 물건이 왜 좋으냐고 물어도 특허가 어떻고 브롬이 어떻고 대략 언어들은 대로 설명을 해도 한계를 극복하기에는 역부족이었다. 그리고 우리나라의 빌딩 냉각수 처리는 대부분 빌딩주가 아닌 빌딩 관리업체에 의뢰하여 관리되고 있어서 학연, 지연, 그리고 경제적 친분을 거치지 않고 순수하게 품질과 그에 의한 유리한 조건만을 가지고 거래하기란 보통 어려운 게 아니었다.

그런 환경 속에 어렵사리 주위의 도움을 얻어 국내에서 제일 큰 유통업체와 계약을 했다. 그리고 한동안 광고를 해서 얻어낸 몇 개의 거래처를 합해서 둘이 약품을 만들고 전국으로 돌아다니며 서비스도 하다 보니 둘 다 파김치가 되어버리고는 했지만 돌아오는 이익금을 번번이 어딘가에 쓸어 넣고 연말이면 항상 힘든 상황을 면치 못하는 세월이 계속되고는 했다.

'내가 지금까지 살아오면서 저질러 놓은 내 삶의 빚이야. 그래, 가자! 가다 보면 언젠가는 또 다른 해가 뜨겠지.' 그리고 보면 그동안의 고단했던 삶은 나를 많이 끈기 있게 만들었던 것 같았다.

같이 일하고 있는 배 군은 막냇동생 친구다. 내가 전에 사업을 하고 있었을 때도 배 군은 그 회사에서 대리라는 직책을 가지고 일하고 있었다. 사업이 부도가 나고 회사가 나락으로 떨어졌을 때도 배 군은 그 무거운 짐을 짊어지고 말없이 묵묵하게 잘 버티어 주었다. 그래서 배 군은 그렇게 세월이 가고 내가 누군가를 필요로 할 때 가장 먼저 생각나는 사람이기도 했다. 그래서 이 수 처리 약품 사업을 시작하면서 제일 먼저 배 군을 생각했었고 결국 그를 불렀다. 우연히 일어나는 것 같은 세상일들이 그냥 우연은 아니다. 그것은 우리가 이 세상에 존재하게 됐을 때 이미 숙명적으로 일어나게 되어 있었던 것이라는 생각이 든다. 물론 살아가면서 그 일부를 자신의 행동과 생각으로 조금씩 바꾸어가면서 살아가야 하겠지만, 근간을 바꿀 수는 없다. 부모를 선택해서 태어나지 못했던 것처럼 말이다. 하물며 사람이 만나고 헤어지는 일이야 내 마음대로 되는 일이겠는가. 그래서 인연이라는 게 참으로 오묘한 것이요, 거스를래야 거슬러질 수 없는 것인가 보다. 한 배에서 태어났으니 형제요, 거의 반평생을 같이했으니 그와 다름이 없다. 어떻든 그래서 나는 이제 무언가를 시작할 때가 됐다고 생각됐을 때 배 군을 불렀고 그래서 결국 배 군은 나와 젊은 날을 동반하며 살아왔다. 그런 면에서는 배 군이 나에게 형제들만큼이나, 아니 어쩌면 그 이상으로 의지가 되어주었는지도 모른다. 아무튼, 나는 배 군을 내 일부처럼 믿고 의지하면서 오랜 세월 동안을 살아왔다.

심야 전기보일러용 부식방지제를 차에 싣고 전국을 누비며 장사를 다니던 어느 엄동설한(嚴冬雪寒)에 우리 둘이는 우연스럽게 어떤 고속도로 휴게소에서 만난 적이 있었다.

"사장님, 내일 주문이 있는데 물건이 없는데요."

"그래 알고 있어, 하지만 어쩌냐, 그냥 오늘은 쉬고 내일 만들이시 깆다 주사."

우리는 둘 다 지쳐 있었다. 그러고는 헤어져서 각자 집으로 갔다. 하지만 내 발길은 캄캄한 어둠을 뚫고 공장으로 향했다. 공장에 다다라 먼발치에서 보이는 공장에서 불빛이 새어 나왔다.
"집에 가라니까 왜 왔니."
"일을 놔두고 어떻게 집엘 가요."
또한, 배 군 다음 회사에 합류한 홍 군은 전에 처남 회사에서 힘든 세월을 보낼 때 공업고등학교 졸업반 실습생으로 왔다가 인연을 맺은 친구다. 거짓말을 하면 얼굴부터 빨개지는 순수하고 진실되면서도 꾸밈이 없는 믿을 만한 사람이어서 부담이 없다. 두 사람 모두가 참으로 오랜 세월을 같이 동고동락하며 지냈는가 하면 나에게는 과분한 인물들이다.

그렇게 어려운 가운데 세월이 가고 그러면서 수 처리 약품에 대한 지식은 수박 겉 핥기 같지만 조금씩 쌓이고 요령도 생기면서 그런대로 냉각탑 약품 사업은 자리를 잡아갔다. 장맛비를 맞으며 혹은 삼복더위 땡볕 아래 빌딩 옥상 배관을 타고 곡예를 하면서 냉각탑마다 약품을 넣는 일도 차차 익숙해져 가고 누가 약품에 관하여 물어보면 대충 얼버무리던 것도 서서히 자신 붙어서 제법 화학적인 용어를 써가면서 설명도 해줄 수 있을 정도가 됐다. 몇 사람이 주위에서 밀고 당겨주고 그동안 한 식구가 된 홍 군을 비롯한 세 사람이 혼신을 다하면서 풍족하지는 못했지만, 그런대로 수 처리 사업은 조금씩 자리를 잡아갔다.

경기도 시흥시에 한 120평 정도의 한낮에도 귀신(鬼神)이 나올 것같이 어둡고 오래된 슬레이트 건물 한쪽을 임대해서 먹는 물

수 처리제를 비롯하여 몇 종류의 제품을 추가 생산하면서 회사로서의 규모를 갖추어 보려고 애를 썼지만, 거래처를 뺏고 뺏기는 힘든 상황의 연속이었고 그런 가운데 크게 빚지지 않으면서 그런대로 운영해갔다.

그래도 늘 나를 지켜주는 무엇인가에게 감사하며.

하지만 그 후로 회사는 별다른 변화가 없이 지루하게 세월이 흘러가고 그날이 그날 같은 상황만 계속되고 있었다. 많은 사업이 그렇기도 하지만, 특히 이 냉각탑 약품 사업은 발로 뛰고 몸부림을 친다고 되는 사업이 아닌 것 같았다. 많은 사람을 만나고 알음알음 찾아가서 부탁하거나 그렇지 않으면 역량 있는 딜러를 가급적 많이 두고 사업 범위를 넓히는 것이 최선인 사업이었다.

매년 봄이면 일간신문에 만만치 않은 비용을 들여가며 광고도 해 보았지만, 결과는 매년 미미했다.

'어떻게 한다?'

'기다려야지. 뭘 어떻게 해! 모두가 한세상 죽음이라는 똑같은 곳을 향해가면서 우리가 선택할 수 있는 것은 그렇게 많지가 않아. 가다가 보니까 내 아내도 만났고 그러다 보니까 자식이라는 존재들도 생겨났고 그러다 또 어떤 사람을 만나 그것을 계기로 이렇게 사업도 하게 됐고 그리고는 내 뜻과는 무관하게 냉전의 시대가 무너지고 미국과 중국의 교역이 이루어지면서 중국과 경쟁을 하게 됐고 그래서 한바탕 되게 홍역도 치렀지. 삶이란 내 의지와는 상관없이 그렇게 흘러가디라고.'

2009년, 2010년 연속 흑자를 내면서 승승장구하였기에 기대를 걸고 2011년을 시작했는데 그해에는 기대에 미치지 못하고 많은 적자를 내면서 끝을 내고 있었다.

머리도 식히고 또 다가오는 한해를 위하여 충전도 할 겸해서 그해 12월 중순 집사람과 차를 몰고 강원도 양양 오색에를 가서 이틀 밤을 자고 월요일 집으로 돌아오는 길에 라디오에서 김정일이 전전날 12월 17일 현지지도 방문 차 탑승했던 열차 안에서 사망했다는 뉴스가 흘러나왔다.

"이 친구, 나보다 네 살인가 위인데. 좀 일찍 간 거 아니야?"
"글쎄 말이에요, 온갖 좋다고 하는 건 다 먹으면서 호의호식하며 살았을 텐데. 어쩐 일이래!"
"인명은 재천이라더니, 참 천하의 김정일이도 별수 없구먼."
"우리는 당신 건강이 재산이에요. 별로 벌어놓은 것도 없는데, 당신 건강진단 언제 받았지?"
"…."
"이제 술 좀 줄이고, 운동도 좀 하고."
"알았어, 그만해."
이때다 싶은 아내의 잔소리가 쏟아져 나왔었다.

김정일, 그는 나보다 네 살 많은 1941년생이다.
그는 1941년 구소련에서 김일성과 김정숙이 사이에서 태어났다고 한다. 그리고 젊어서부터 후계자 수업을 시작해 30대 중반에 공화국 영웅 칭호를 받으면서 김일성 후계자로 확정되었고

1994년 7월 그러니까 내가 보일러회사에서 한참 힘든 세월을 보내던 시절 김일성의 사망으로 권력을 승계하였었다.

이제 그는 죽었다. 그다음은 어떻게 될까? 결국, 스무 살 초반의 아들 김정은이가 어떤 길을 어떻게 가느냐가 많은 사람의 운명을 좌우할 터인데 그게 그렇게 만만치가 않을 것 같았다.

수 처리 약품 사업이라는 게 여름 한 철 벌어 겨울을 나는 계절 장사다. 봄이면 이리저리 자금을 돌려서 제품을 만들고 한여름 혀가 빠지도록 뛰어다니면서 팔아서 막고 나면 그냥 직원들과 먹고살고, 그리고 연말이 되면 아무것도 남는 게 없었다. 앞으로 어떻게 해보아야겠다는 복안은 나름대로 세우고 있기는 했지만 겨우 명맥만을 유지해나가는 자금 사정으로는 당장 어찌할 수가 없었다. 나는 점점 지쳐가고 있었다.

그러니 어쩌겠는가. 힘들면 좀 쉬었다 가야지.

그렇게 세월은 내 마음과는 무관하게 무심히 흘러가면서 추위와 함께 세모로 접어들고 거리에는 제18대 대통령 선거 포스터로 사방이 어지러웠다.

한나라당은 한나라당이라는 명칭 가지고는 별로 내키지 않는지, 당명을 새누리당으로 바꾸면서 박근혜 씨를 후보로 내 세웠고, 김한길 씨가 당 대표로 있는 민주당은 새정치연합이라는 이름을 가진 안철수 씨와 갑자기 (늘상 있는 일이기는 하지만) 몇 번 오가너니 어느 날 악수 몇 번 히고 이깨동무하면서 새정치민주연합이라고 하는 긴 이름의 당을 하나 만들더니 문재인 씨하고 안철

수 씨가 며칠을 치고받고 하다가 결국은 문재인 씨가 승리하면서 새누리당의 박근혜 후보와 승부를 겨루게 되었다.

　승세를 점칠 수 없을 만큼 두 후보가 막상막하 열전을 벌이고 그렇게 한참을 어수선하게 지내던 어느 날 통합진보당 후보 이정희 씨를 비롯한 TV 3자 합동토론회가 진행됐다. 그런데 그때 갑자기 생뚱맞은 마치 무슨 드라마 같은 일이 벌어졌다.

　박근혜 후보가 이정희 후보에게 물었다.

　"단일화 주장하면서 토론회에도 나오고, 나중에 후보 사퇴하면 국고보조금도 그대로 받게 될 텐데 그렇게 되면 도덕적 문제도 있을 텐데 왜 출마했습니까?" 했더니

　"박근혜 후보를 떨어뜨리기 위해 출마했습니다"라고 돌직구를 날려버렸다. 박근혜 후보는 얼굴이 붉어지면서 황당해했고, 그 사건은 그 후에도 한참을 매스컴에서 대서특필하면서 시중의 입에 오르내렸다.

　그러더니 결국은 2012년 12월 19일 치러진 투표 결과 간발의 차이로 새누리당의 박근혜 후보가 당선되고 말았다.

　나같이 별로 내세울 것이 없는 사람도 말 배우고 칠십여 년의 세월을 살아오면서 말 잘못해서 곤욕을 치른 적이 수도 셀 수 없을 만큼 많은데 그래서 지금도 때로는 말을 해놓고 뒤돌아보면서 후회를 하고는 하는데 하물며 공인이야 말해 무엇하겠는가. 쓸데없이 구설에 오르지 않으려면 한마디를 하더라도 특히 공인이라면 신중해야 한다.

　어떻든 말은 적게, 가려서 하는 것이 좋다.

그리고는 다음 해 2월 25일 그는 대한민국 제18대 대통령으로 취임하면서 또 다른 역사의 장을 열어갔다.

결국에 가서는 차라리 그 당시 선거에서 떨어지느니만 도 못하는 결과를 낳고 말았지만, 어떻든 그때는 대한민국 역사상 처음으로 선대(先代)에 이어 그것도 여성 대통령이 탄생하면서 세계 이목이 집중되었다.

"아오스딩, 자네 성당 사목회 부회장 좀 해."
"제가 뭘 안다고 부회장을 해요. 형님도 아시잖아요! 전 정말 아무것도 몰라요. 괜히 성당 망쳐 놓으려고…."
"무슨 소리야! 나는 전에 성당 벽에 붙여놓은 14처를 보고 그게 무슨 폼으로 붙여놓은 장식품인 줄만 알았었어. 그랬던 내가, 그래도 이렇게 사목회장을 하고 있잖아."

한 동네 살고 있는 미카엘 형님은 내 중고등학교 4년 선배다. 서울 토박이로 장안 갑부 소리를 듣는 집안에 맏으로 태어나 호강만 하면서 자란 탓에 찌든 모습이라고는 전혀 찾아볼 수 없는 아주 편안한 선배다. 유난히 술을 좋아하는 그와는 오래전 사십 줄 막판에 성당 일로 우연히 만나 인연을 맺어 스스럼없이 가끔 술도 함께하면서 막역하게 지내오고 있었다.

어떻든 그렇게 해서 수박 겉핥기식으로나마 성당일에 끌려서 들어가게 됐고 매년 무슨 성당 행사가 있을 때마다 조금씩 주머닛돈↙ 내놓고 하면서 조용히고, 단아하신 신부님을 보시고 가끔 약주도 한 잔씩 하면서 사람들도 사귀고 그렇게 성당 생활에 한몫 끼게 되었다.

덕분에 같은 동네에 거주하는 신자들 몇몇 사람들과 친분을 쌓으며 심심치 않게 지낼 수는 있었지만 사실 내게는 그렇게 성당이 살갑게 와닿지는 않았다.

주일이면 그냥 형식적으로 미사에 참석해서 마치 무슨 주문 외우듯 얼마 동안 중얼거리다가 미사가 끝나면 기다렸다는 듯이 얼른 나와 봉사자들이 나누어주는 차나 한잔 마시고 이 사람 저 사람 만나 노닥거리다가 집사람과 집으로 돌아오는 게 고작이었으니까. 그러면서 나는 집안일을 제쳐놓고 성당에 나와 동분서주하고 때로는 끼리끼리 몰려다니면서 서로가 반목하고 질시하기도 하는 몇몇 신자들을 보면서 조금씩 회의를 느끼기도 었다.

그러던 어느 날 미카엘 형님의 사목회장 임기가 끝나고 후임을 물색하던 중 뜻밖에도 신부님으로부터 후임 사목회장을 맡아달라는 주문을 받게 되었다.

"사목회장이란 직책이 얼마나 어려운 일인데 그걸 왜 맡아요?"
"그럼 어떻게 해, 신부님께서 하라시는데."
"그래도 그렇지…."
"내가 사업을 하고 있기 때문에 집에서 소일하는 사람처럼 그렇게는 못 한다고 말씀드렸어. 적당히 꼭 해야 할 일들만 제대로 하면서 말썽 없이 잘할 테니 너무 걱정하지 마."
"적당히가 어디 있어요. 하려면 제대로 해야지. 얼마나 욕을 먹으려고,"

매사에 빈틈이 없이 완벽해야 직성이 풀리는 아내와의 견해 차이로 사목회장이 되면서 아내와의 다툼은 거의 매일같이 계속되었다. 때는 연말연시 그리고 곧 구정 명절이 왔다.

"사목회장은 수녀님들도 챙겨야 한대요."

"누가 그래!"

나는 짜증이 나서 언성이 높아졌다.

"그러지 마! 그냥 조용하게 욕이나 먹지 않을 정도로 그렇게 하자고."

"그래도 할 건 해야지 조용하게가 말이 돼요?"

아내는 사목회장이 무엇을 해야 하는지 이 사람 저 사람들에게 물어보면서 동분서주했고, 그들이 하는 조언 같지 않은 조언들을 다 챙기느라 여념이 없어서 나는 성당 일보다 아내와의 다툼이 더 힘이 들었다.

눈이 오면 집사람 성화에 출근길에라도 성당에 들러보아야 했고 구정이 되면 차례 준비에 만두 만들랴, 식혜 하랴, 집 안 청소 하랴 거기다 신부님은 물론 수녀님들도 모두 신경을 써서 챙겨야 하고 그렇게 정신없이 며칠을 보내야 했었다. 그런 일이 있을 때마다 그런 일에 익숙하지 못한 나는 무슨 일이든지 지나치게 완벽해야 하는 집사람의 성화와 더불어 몹시 피곤했다.

사업은 근 십여 년간을 지지부진하기만 했다. 그래서 나름대로 조금은 지쳐가고 있을 무렵 때마침 시기적으로 닥쳐온 성탄절과 연말연시, 부활절 그리고 신부님 은경 축일이 겹치면서 사목회장이란 직책은 나에게 정신적, 경제적으로 더욱더 많은 부담을 주었다. 사목회장이란 직책이 생각했던 것보다는 많은 봉사와 희생이 필요한 직책이었다.

더불어 사업은 수년 동안을 거의 같은 매출, 같은 지출이 반복되면서, 한해가 시작될 즈음에 이리저리 자금을 돌려대고 연말 즈음에 갚는 세월이 계속 흘러가고 있었다.

그러다 매월 지급해야 하는 많은 회사 월세라도 줄이면 좀 낫지 않을까 하는 생각을 하게 되었다.

마침 성당과도 조금은 거리를 두고 싶었고 해서 아내와 나는 궁리를 했다.

현재 살고 있는 아파트를 전세 놓고 외곽 조용하고 공기 맑은 곳으로 전세를 가면 전세 차액이 생기니까 그동안 아내가 알뜰하게 모아놓은 얼마간의 돈에다가 은행융자를 보태서 회사 공장을 장만하자는 것이었다. 그러면 현재 공장세로 나가는 돈에서 융자금에 대해 이자 차액이 생기고, 그리고 조금씩 절약하면서 돈을 모으면 한 3년 후에는 다시 돌아올 수 있지 않겠냐는 생각을 하기에 이르게 되었다.

하지만 그렇게 생각하고 그에 따라 결정을 내린다는 것이 아내에게는 확신이 서지를 않았다. 우리는 실행과 망설임으로 몇 번인가를 오가다가 결국 실행 쪽으로 결정을 하고 행동으로 옮겼다. 그리고 용인 수지로 가서 전세를 알아보았지만, 마침 새로 지은 미분양 아파트를 좋은 조건에 분양한다고 했다. 분양을 받기로 하고 계약을 한 후에 공장을 물색하기 시작했다.

시흥을 비롯해서 안산 화성까지 돌아다니면서 전전긍긍하던 끝에 2013년 11월 25일 잔금을 지급하고 경기도 시흥시 미산동에다 그렇게 애타게 소망하던 내 공장을 장만했다.

아마 내 인생은 그때부터 또 다른 시작이었는지도 모른다. 그때 두 달여 동안은 공덕동 집을 전세 놓고, 용인에 살 집 구하고, 공장을 사고 하면서 두 달간을 마치 몇 년처럼 보냈었으니까.

그러면서 2013년이 서서히 저물어갔다.

"신부님, 다음 달 용인으로 이사를 하게 됐습니다."

마침 야외 미사가 있던 날이라 잠시 시간을 내서 신부님께 말씀을 드렸다.

"…."

신부님 표정이 매우 어두워졌다.

"금년 1월에 사목회장을 맡았으니까 돌아오는 1월까지는 주일마다 오가면서 일 년은 채우겠습니다. 그 후에는 지금 부회장들과 잘 협의해서 몇 달만 하시면 신부님께서도 임기가 끝나시고 다음 임지로 가시지 않겠습니까."

"제가 떠날 때까지만 좀 해주시지요."

다음 해 9월이면 모시던 신부님께서도 5년 임기가 끝나고 다음 임지로 떠나신다. 그때까지 있어 달라고 하시지만, 그때 나는 한시라도 자리를 뜨고 싶기만 했었다. 지난 8~9개월을 어떻게 지내왔는지 마치 어수선한 꿈을 꾼 것만 같았다. 그때 모시고 있던 신부님은 규율과 형식에 엄격하고 청렴하신 분이셨다. 붙임성이 좀 부족하신 탓에 신자들과 늘 거리를 둘 수밖에 없어서 나는 나름대로 가교 역할을 하느라 동분서주하기도 했었다. 덕분에 때로는 신자들의 구설에도 오르는 불편을 겪기도 했지만 말이다. 세상사 모든 일이 그렇듯이 한쪽이 좋으면 다른 한쪽은 힘들다.

어떻든 두세 달 지나면 그동안 지고 왔던 짐 내려놓고 홀가분해진다고 생각하니 처음 사목회장이 되었을 때 가졌던 나름대로의 사명감은 간데없고 그냥 시원했다. 그래서는 안 되는 건데.

"있을 때까지는 어떻든 최선을 다하겠습니다."

어느덧 시월이니, 앞으로 이삼 개월 잘 마감하고 미련 없이 떠나야겠다는 생각을 하면서 돌아섰다. 신자들은 때마침 청명한 가을 하늘 밑에서 즐거운 야외모임을 마음껏 즐기고 있었다.

새로 장만한 공장 건물 안에 열다섯 평 사무실과 창고 30평을 지어 올리면서 건평 백여 평을 만드는 데 드는 돈을 절약하기 위해서 평생 가장 힘든 노동을 감내해야만 했었다. 그것도 동짓달 엄동설한에 말이다. 아마 북한 사람들이 하는 천리마 운동이 비슷하지 않았을까 한다. 저녁이면 기다시피 하면서 들어오고 아침에도 기다시피 하면서 나가고 하면서 한 달 남짓을 보냈으니까 말이다. 하지만 참으로 힘든 줄을 모르고 밤이 되면 아침을 기다리며 뜬눈으로 지새우다시피 했었다. 그래도 아마 평생 그때만큼 힘들면서 또한 행복할 수 있었던 날들을 보낸 적도 없지 않았나 싶다. 멋진 사무실이 탄생하고 회사가 형태를 갖추어가면서 나는 또 불안해지기 시작했다.

'이제부터가 시작인데. 과연 잘될까?'

온종일 장부를 들여다보고 또 보고 하면서 전전긍긍 피를 말리고는 했다.

'그냥 느긋하게 되는 대로 최선을 다하다가 정 안 되면 정리하고 형편껏 살다 가면 되지 뭐. 이제 우리가 쓰면 얼마나 쓰겠어.'

하고 추스르다가도 곧 불안해지는 세월이 흘렀다.

그러면서 회사직원들은 2014년 정월 한 달간을 무급 휴가에 들어갔다. 내 생전 처음 내린 무정한 결단이었지만 그렇게 하지 않고는 훗날 더 큰 사달이 날 것 같은 생각에 어렵게 직원들을 설득하여, 한 달을 쉬기로 했다. 그리고 정월 한 달간을 혼자 출근하면서 간혹 직원들의 협조를 받으면서 회사를 끌어나갔다. 외롭고 고달픈 한 달이었다.

그렇게 정월이 가고 설 연휴를 보낸 다음 막 본격적으로 일을 시작하였지만, 세상사는 짧은 내 소견대로 쉽사리 움직여 주지 않았다. 그렇게 죽을 고생을 감내하면서 지어 올린 30평 가까운 사무실과 창고를 나라님께 허가를 받지 않은 덕에 공장 허가에 제동이 걸린 것이었다. 건축사 사무실을 소개받아 정식으로 허기받은 긴물로 둥새를 하기로 했다.

빠듯이 돌아가는 자금줄이 계속 나를 힘들게 했지만, 도리가 없었다.

모든 사람이 이번 겨울은 겨울 같지 않게 포근하다고 했지만 나는 그 겨울이 유난히도 춥고 힘들었다. 그리고 무엇보다도 내가 육체적으로도 하루가 다르게 급격히 쇠하고 있다는 것을 절감하면서 몹시 당혹스러웠다.

'대충 마무리가 될 때까지는 뛰어야 하는데. 내가 얼마나 버틸 수 있을까? 이렇게나마 살아갈 수 있는 세월이 얼마나 될까.'

초조하고 때로는 후회스러웠지만 이미 화살은 시위를 떠난 후였다. 남은 것은 전력 질주라는 명제일 뿐 그 어느 선택도 나에게는 허용되지 않았다.

설한이 서서히 고개를 숙이면서 계절은 영락없이 봄으로 가고 있었다. 더불어 매출도 조금씩 기지개를 켜면서 희망을 품게는 했지만, 공장을 매입하고 이런저런 지출이 있었던 끝이라 정월 한 달을 조였지만 역시 예년보다도 오히려 더욱 힘든 나날을 보내야만 했다. 하지만 무언가 잘될 것 같은 예감 속에 우리는 최선을 다해 열심히 뛰고 또 뛰었다.

그렇게 세월이 가면서 개나리 진달래가 피고 지고 계절은 진정 봄으로 가고 있을 때, 회사가 있는 시흥 바로 가까이 안산에 있는 단원 고등학교의 한참 꽃다운 아이들 3학년 모두를 포함해서 여객 476명을 태운 세월호라는 여객선 한 척이 전라남도 진도 앞바다에서 좌초되면서 174명을 제외한 전원이 배와 함께 생을 마감하는 기막힌 일이 벌어졌다.

선장이란 놈은 배가 좌초되면서 철없는 아이들에게 그냥 객실 안에 가만히 있으라는 말만 남겨놓고 승무원들을 데리고 제일 먼저 탈출해 버리고 말았다. 승무원들 말만 믿고 그냥 선실에 남아 구조만을 애타게 기다리던 애꿎은 수많은 생명만 허망하게 이승을 떠나버리고 말아버린 도무지 상식으로 이해할 수 없는 일이 벌어진 것이다. 일본에서 쓰다 버린 배를 들여다가 부당하게 증축하고도 뱃속이 허전해서 안전은 내팽개친 채 과적해서 결국은 그렇게 수많은 꽃 같은 생명을 한둘도 아니고 수백 명씩이나 수장을 시켜버린, 그러고도 깊숙한 곳에 돌아앉아 잘 먹고 잘사는 진짜 사주라는 놈은 "안타깝지만 지금 내가 뭐라고 말할 입장이 아니다"라고 했다고 한다. 그리고 그놈은 구원파라고 하는 개신교의 교주라고 했다.

검찰은 유병언이라고 하는 그 교주를 체포하기 위해 신도들이 지키고 있는 그들의 본거지 '금수원'이라고 하는 곳에 갔다. 하지만 그곳에 그가 있는 것을 뻔히 알면서도 들어가지를 못하고 몇 날 며칠을 그 주위만 빙빙 돌면서 허송세월을 하다가 유병언이가 신도들의 차를 타고 도주한 후에야 목숨을 걸고 용감하게 쳐들어가 보았지만 이미 그는 거기에 없었다.

보통 때는 그렇게 기고만장하던 공권력이 그가 무슨 대단한 인물이라고. 왜 그랬을까? 사람들은 수군거린다.

"무언가 그래야 할 이유가 있을 거야!"

"맞아, 그놈이 잡히면 큰일 날 놈이 한둘이 아니래."

돈 없고 줄 없어서 늘 괄시받고 이리저리 밀려가면서 살아가고 있는 보통 사람들은 그렇게 수군거리며 서글픈 비웃음들을 웃고 있었다.

지금 이 사회에 그런 놈이 어찌 그뿐이겠는가. 신거 때만 되면 굽실거리면서 표를 구걸하다가 그다음에는 언제 그랬더냐는 듯이 "내가 누군지 알아?" 하면서 아무 때나 닥치는 대로 힘없는 사람들 앞에 군림하고 휘둘러대는, 국민은 안중에도 없는 수많은 정치꾼을 비롯해서 무슨 조합, 무슨 협회 하면서 무리를 앞세워 뒤에서 갈취를 일삼는 수많은 협잡꾼까지 의리, 의무 이런 것들 하고는 전혀 관계가 없는 사람 같지도 않은 무리가 지금 우리 주위에 얼마나 우글거리고 있는가 말이다. 그리고도 불쌍하고 어리석은 백성들은 자기 권리를 행사할 기회가 오면 우유부단해지고, 이 손바닥만 한 나라에서 각자 지역에 따라, 무슨 연관이 있는 인간들을 찾아 무턱대고 붓 뚜껑을 누르고 있지 않은가. 그리고 또 괄시를 받고 분통을 터트리다가 얼마 안 가서 또 잊어버리고….

"에라이~."

아무튼, 세상은 온통 세월호, 구원파, 유병언이 그리고 그의 가족들, 무슨무슨 엄마들로 떠들썩한 가운데 수사기관들이 그들을 못 잡는 건지 안 잡는 건지를 놓고 각자들 생각대로 붙이고 빼고 하면서 의견들이 분분했다. 그도 그럴 것이 유병언이 숨어있다는 첩보를 입수하고 전라남도 어딘가의 별장을 그 많은 베테랑 수사관들이 들이닥쳐 이 잡듯이 뒤졌는데 벽 속에 숨어있던 범인 하나를 찾아내지 못했으니 말이다.

결국, 그는 한동안이 지나서야 어떤 농부에 의해 변사체로 발견되었지만, 시체가 너무 부패하여 사인도 밝혀내지 못한 채 사건은 그렇게 일단락되고 말았다.

사람들은 또 수군거리기 시작했다.

"아니야, 그건 가짜래, 유병언이는 어딘가에 살아있을 거야, 어떻게 죽었는지도 모른다는 게 말이 돼?"

"유병언이가 잡히면 큰일 날 어떤 거물급 인사가 꾸민 일일지도 모른대."

이 광활한 우주는 과연 어디서부터 어디까지일까. 이 광활한 우주 공간 속에 우리라는 존재는 과연 어느 정도의 존재일까. 아무리 상상을 해 보아도 티끌이다. 하지만 그렇게 티끌일망정, 한 생을 살아가는 것이 그냥 마치 무슨 전기 장치의 스위치처럼 잠깐 켜졌다가 끄면 그것으로 끝나는 것이 우리의 삶이라면, 진정 그렇게 아무런 의미가 없는 것이 우리의 삶이라면, 하루살이와 다를 게 없지 않은가. 그래도 내 짧은 소견으로는 우리의 삶이 하루살이와는 다른 무언가가 있어야 할 것 같다. 그리고 꼭 있을 것이라는 생각을 지울 수가 없다. 그게 무엇인지는 잘 모르겠지만.

그래서 나는 종교를 믿는다. 그 종교를 만들어낸 분의 가르침에 따라 살아가려 노력하고, 그러면서 한 인간이기에 어쩔 수 없이 저지르게 되는 잘못은 그에 대한 용서를 구하고, 그리고 좀 더 나은 내일을 살아가기 위해 노력하다 보면 삶의 무거움을 조금은 덜 수 있지 않을까 해서다.

이 세상을 살아가는 인간들 사이에도 규칙이라는 게 있어 그 규칙을 잘 지키는 사람을 착한 사람이라 하고, 안 지키고 남을 힘들게 하는 사람을 나쁜 사람이라 하면서 같은 인간들끼리도 법이라는 것을 만들어서 벌을 주기도 한다. 혹 교활하기 그지없는 이가 있어 다행히(?) 당장은 요리조리 빠져나가 벌을 면하면서 살아가기도 하지만 결국 나쁜 사람들은 내가 지금까지 그래도 제법 오랜 세월을 살아오면서 보면 어떻게 해서라도 벌을 받더라고.

그런데 만일 우리의 운명을 좌지우지하는 정말 전지전능(全知全能)하신 분이 있다면, 사기를 칠 게 따로 있지 그를 팔아 사람을 속이고 욕보이고 그렇게 나쁜 짓을 해서 자기 배를 채운다면 끝까지 멀쩡하겠는가.

벌 받지!

어떻든 그리고 얼마 후 국회의원 보궐선거가 치러졌다.

여당은 전당대회를 열고 당 대표로 김무성 씨를 선출하면서 민생 쪽에 쟁점을 두고 국민 속으로 파고들었다. 정치를 잘못해서 미안하다고 하고, 앞으로 경제도 살리고 국민을 하늘같이 잘 모시겠다는 빤한 거짓말도 해가면서 어떻든 국민 속으로 파고들었다.

그런데 웃기는 것은 야당이었다.

얽이매고 물어뜯을 게 지천에 깔렸는데 아무 생각도 없는 사람들처럼 무엇이 무능한지 핵심도 없이 그냥 '현 정부가 무능하다.', '세월호 사건 책임져라' 하면서 달포를 넘게 똑같은 말을 식상하게 부르짖으면서 국민들 진을 빼며 허송세월하는가 하면 광주 어디엔가를 비롯해서 사방에 앞뒤 없이 전략 공천을 하고 난장 굿을 하더니 결국 여당에게 텃밭까지 내주면서 완패를 당하는 수모를 당하고 말았다.

그러고도 모자라 그렇게 참패를 당한 후에도 국민 정서와는 동떨어진 선거 동안의 이슈를 그대로 마치 정신 나간 사람 넋두리 하듯 계속 떠들어대고 있었다. 그러면서 국민 지지도가 10%대까지 떨어지고 말았지만, 더욱 이해가 안 가는 것은 그래도 계속 막무가내라는 것이다.

왜 그랬을까? 바보들인가?

그렇지는 않을 게다. 그분들이 어떤 분들인데. 내가 모르는 무슨 사정이 있었겠지. 그렇지 않으면 내 생각이 좀 모자라든지.

아무튼, 한 나라가 그런 제1야당을 가지고 있다는 현실은 불행한 일이 아닐 수 없었다.

야당 총재 : ×× 아빠
야당 대표 : 누구
야당 원내대표 : 누구

아무튼, 그랬던 그 시절에 세간에는 그런 말들까지 떠돌고 있었으니까.

언제나 우리는 진정한 야당다운 야당을 가질 수 있을까.

하기야 그랬던 그 당이 훗날 정권 교체를 이루어내고 지금에 이르고 있으니 세상사 새옹지마라 진정 내일을 모를 일이다.

그렇게 어렵사리 결정해서 공장을 마련하고 한해가 서서히 저물어갔지만, 사업은 생각처럼 그렇게 나아지지 않았다. 오히려 사회적인 불경기와 더불어 매출이 줄어들고 전년보다 회사 운영이 더욱 힘들기만 했었다. 그러면서 나는 늘 쫓기는 듯 내가 일할 날들이 얼마 남지 않았다는 생각에 전전긍긍 다급하기만 했다. 하루빨리 손을 놓아도 집사람과 같이 그냥 편히 먹고살 수 있는 목표치를 만들어놓지 않으면 안 되겠다는 생각만이 머리를 떠나지 않았다.

지독한 악몽 같은 세월을 겪어보지 않은 사람은 아마 이해하기가 만만치 않을 것이다.

가을이 깊어가면서부터 왼쪽 무릎이 아프고 허리까지 저려왔다. 도대체 일은 물론 운전까지도 힘이 들 정도였다. 병원에 들러 진료를 받아보니 척추 1번이 내려 앉아있고 무릎뼈는 퇴행성 관절이 뭐 어떻고 그러더니 거기다가 그동안 일하면서 생긴 근육들이 아파오기 시작했다. 밤에 잠을 잘 수가 없었다.
"분수를 모르고 너무 써먹었구나."
"그런데 어떻게 올해 농사가 작년만도 못하냐. 아무리 불경기라고 하지만 냉각기는 돌아가야 하고 그럴수록 에너지 절감을 하려면 냉각탑 관리를 해야 할 것 아니냐 말이다."
"무지하기 짝이 없는 사람들 같으니라고!"
공장을 옮기면서 이리저리 제법 지출도 많았다. 공장을 사서 이사를 하고 때를 맞추어 다가온 경기불황 속에 힘든 한 해를 보내고 나니 회사 재무상태가 말이 아니었다.
그렇게 힘든 세월을 보내던 어느 날 배 이사, 홍 차장을 불러놓고 하소연을 했다.

"적자가 계속해서 쌓이면 정말 내년에는 우리가 헤어질 수밖에 없을지도 몰라"

"!"

"어떻게 해서라도 퇴직급여는 해결할 테니까 나 혼자 임시직을 하나 쓰더라도 우리가 다시 모여 일할 수 있도록 한번 만들어 볼게. 우리 당분간 헤어지든지, 그렇지 않으면 나부터 솔선해서 우리 허리띠를 좀 줄이고 또 다른 지출도 줄여서 내년은 흑자를 만들 수 있도록 해 보든지. 각자 시간을 좀 가지고 생각들을 좀 해 보자, 어떻게 해야 할지를. 우선 회사가 있어야지 회사가 없어지면 우리 모두 너무 힘들어지잖아."

그렇게 해서 우리는 다음 해부터 바짝 허리띠를 졸라매기로 하고 일어섰다. 그리고 며칠 후 그렇지 않아도 충분치 못한 급여를 조금씩 줄이기로 했다.

그렇게 많은 빌딩 그 위에 올라타고 있는 냉각탑, 그 많은 공장 그리고 거기에 널러있는 수많은 냉각탑, 그것들과 가까워지려면 어떻게 해야만 할까. 일일이 쫓아다닐 수도 없고 쫓아다닌다고 될 일도 아니다. 그동안 수없이 신문에 광고도 내보고 해 봤지만, 그냥 현상 유지에 좀 도움이 됐을 뿐 이렇다 할 뾰족한 결과도 없었다. 십오 년이란 세월 동안 핵심을 못 찾고 그냥 무조건 개미같이 일하고 조금 돈이 모이면 좌충우돌 이것저것 나름내도 통박을 굴려 가면서 손을 대 보기도 했지만, 번번이 돈만 날리고 좌절만

하면서 세월만 허비하고 말았다. 우수한 재원들이 국제 특허를 낼 만큼 그렇게 훌륭한 제품을 가지고 도말이다. 조금만 무언가 잘못되면 모두 약품 탓이었다. 세상일이라는 게 모두가 그렇게 쉽게 이루어질 수 있는 그것이라면 어디 못사는 사람이 있겠느냐마는 그래도 이 수처리 약품 사업이라는 게 만만한 사업이 아니라는 걸 세월이 가면서 조금씩 절감하게 되고 그러면서 몸도 마음도 점점 지쳐가고 더불어 사업도 조금씩 자신이 없어져 갔다.

어느덧 날씨는 옷깃을 여밀 만큼 제법 겨울 흉내를 내고 있었다. 그렇게 고달픈 한해가 또 저물어갈 무렵 막내한테서 전화가 왔다.
"형!! 어머니가 쓰러져서 갈비뼈가 금이 가서 지금 병원에 게셔."
"어느 정도인데."
"그냥 금만 조금 갔는데 뭐 대단치는 않은 것 같아."
나는 하던 일을 대충 끝내고 어머니께서 입원해계시는 병원으로 갔다. 마침 주말이라 조금 상황을 지켜보다가 월요일쯤은 퇴원할 요량으로 별생각 없이 집으로 갔었다. 그런데 별것 아니라던 모친의 상태는 날이 갈수록 나빠져 가고 급기야는 폐에 물이 차고 구토 가나서 물 한 모금조차도 넘길 수 없을 만큼 악화되어 갔다. 폐에서 물을 빼고 계속 의사의 처방을 받아 약을 드셔도 상태는 호전되지 않고 오히려 점점 악화되어가면서 종래에는 준비 해야 하지 않을까 하는 상태까지 갔다.

그렇게 우리가 속수무책 전전긍긍 하고 있는 중에 병원은 시간을 끌면서 입원비나 받으며 마지막을 기다리고 있는 듯했다.

"가자! 여기서 이렇게 속수무책으로 바라보고만 있을 수는 없잖아."

서둘러 세브란스병원에 있는 이종사촌 누이동생에게 전화를 걸었다. 누이동생은 그 병원에서 제법 높은 지위에 있으면서 몹시 바쁜 나날을 보내고 있었다. 그래서 의료 쪽에 많은 인맥을 가지고 있었고 지금 어머니께서 입원해계신 병원에도 지인이 있어 지금 어머니의 상황을 잘 알고 있었다.

나는 그 동생에게 절박한 심정으로 매달렸다.

"어머니를 지금 이대로 보내드릴 수는 없어. 뭐 암에 걸린 것도 아니고 그렇다고 특별하게 지병이 있으신 것도 아니고 갈비뼈에 금이 좀 가서 입원하신 건데 이럴 수가 있냐."

"오빠, 그럼 내가 병원에 얘기해 놓을 테니까 우리 병원으로 모시고 와요."

그리고 다음 날 어머니는 세브란스병원으로 옮겨졌다. 그리고 닷새 후에는 마치 언제 그랬냐는 듯 상태가 좋아지셔서 다시 연남동으로 가셨다.

어째서 처음 갔던 병원에서는 물 한 모금도 넘기지 못해 얼마 사실 것 같지 못했던 분이 대학병원에 입원하고 단 며칠 만에 멀쩡히 다 나아서 집으로 가실 수 있었는가, 나는 도저히 이해할 수가 없었고 지금도 그렇다.

과연 이런 경우가 우리 말고 또 얼마나 있을 수 있는 건지.

이렇게 아무리 발버둥을 쳐도 앞이 보이지 않는 삶을 우리는 아슬아슬하게 하루하루 별일 없기를 기도하며 마치 곡예를 하듯이 살아가고 있다.

다행히 집으로 오신 어머니는 그런대로 원기를 회복하시며 다시 생기를 찾고 계셨다.

"아, 다행이다."

나는 다음날 어머니를 뵙고 연남동 집을 나와 차가 있는 곳으로 서서히 발걸음을 옮겼다.

좁다란 골목길 한쪽에 생뚱맞게 서 있는 전신주, 그리고 그 위로 복잡하기 그지없이 얽혀있는 전선 사이로 보이는 파란 하늘이 정겨웠다. 며칠 전까지만 해도 영하 10도를 오르내리던 날씨가 그날따라 변덕스레 마치 초봄처럼 포근했다.

세월이 가면서 잡다한 일들이 잊혀가고 그러면서 우리는 지금 그리고 미래를 맞이하고, 지난 일들은 지금 그리고 앞으로의 다사다난한, 그리고 다사다난할 일들 속으로 밀려가면서 그래도 꼭 잊지 말아야 할 지난날의 일들까지도 우리는 잊으면서 지낸다.

그렇게 애지중지하면서 키워온 자식들로부터 부모들은 "당신들이 우리에게 해 준 게 뭐가 있느냐"라는 둥 패륜의 말조차 서슴지 않게 들어야 하는 일들이 우리 주위에는 심심치 않게 일어나고, 그 이외에도 각자 지금에 와있는 자신의 존재가 모두 혼자의 힘으로 이루어진 양 착각하고 때로는 오만과 편견 속에 거들먹거리면서 그렇게 되기까지의 근본이 되어주고 도움이 되어준 이들을 허전하게 만들기도 한다.

 세월은 그렇게 흘러가고 흘러가는 세월 속에 그랬던 날들의 마음들이 기억으로부터 잊혀 저 가면서 각박한 현실은 그냥 계산만이 남는다. 얼마를 주었고, 얼마를 가져갔고, 그리고 얼마가 남았고 그러니까 지금은….

 뭐 이런 식이다. 그랬던 세월 속에 있었던 모든 것은 온데간데 없어지고 오로지 남아있는 것은 그 잘난 계산뿐이다.

 인심이 너무나도 메말라진 탓일까. 하기야 날이 갈수록 온통 경쟁뿐이니 삶이 얼마나 고달프고 힘든가. 그래도 전에는 없이 살았어도 사람과 사람 사이에 정(情)이라는 게 있어서 사람이 있고 돈도 있었는데 지금은 모두가 그냥 돈뿐이다. 그래서 누군가를 딛고 일어서서 돈 그리고 권력을 가져야 직성이 풀리는 그런 세상이 되어버렸다.

 이제는 우리도 재력, 권력, 그런 것보다는 윤리와 도덕적 가치 속의 삶이 우선하는 그런 사회가 됐으면 좋겠다. 그래야 진정 살만한 세상이 되는 것인데. 그런 세상 속에서 우리 아이들이 살았으면 좋겠는데. 지금 우리가 처해 있는 정치적 교육적 현실이 그것을 바라기에는 너무나도 요원(遙遠)하다.

 그래서 화가 난다.

 어느 날 지방으로 출장을 갔다.

 숙소를 마련하고 가까운 목욕탕에 들러 사우나를 하고 나도 오뉴월 해가 아직 좀 남아 있던 차에 주막 문을 열고 들어가 자리를 잡고 앉았다.

"아버지, 그간 죄송했습니다. 하지만 저 참 많이 힘들었어요. 지난 몇 년의 세월이 어떻게 흘러갔는지 마치 무슨 악몽을 꾼 것 같기만 해요. 그간 자식 노릇을 못 해서 죄송합니다."

"다, 살다 보면 이런 일 저런 일 겪으면서 살아. 나는 뭐 평생 살아오면서 편하게만 살아 왔는지 아냐? 나도 무지하게 고생 많이 했어. 너만 그런 거 아니야."

"…."

앞뒤 자초지종이야 내가 알 리가 없었지만 뭐 엿들으려고 엿들은 것은 아니었다. 우연히 옆자리에 앉아 대화를 나누고 있는 부자가 있어 본의 아니게 듣게 된 대화 내용이다.

"참으로 이기적인 애비다."

아마도, 자식이 우여곡절 끝에 얼마간의 힘든 세월을 보내고 이제 한 시름 돌려서 부자간에 자리를 마련하고 그래도 애비니까 하소연을 하면서 위안을 좀 받고 싶었던 것일 게다.

그런데 엉뚱하게, 다들 살다 보면 이런저런 일 겪으면서 그렇게 사는 것은 또 무엇이고, 자기도 무지 고생하면서 살아왔다는 게 거기서 왜 나오느냐 말이다. 그게 그간 힘들게 살아오다가 모처럼 찾아와서 믿거니 하고 푸념을 하는 자식에게 애비가 할 소리냐 말이다.

나는 막걸리 한 주전자를 앞에 놓고 잠시 생각에 잠겼다. 그러고는 의외로 많은 사람이, 아니 내 가까이에서도 어렵지 않게 그런 일이 있을 수 있지 않겠는가 하는 착잡한 생각에 애써 먹던 술과 안주를 급하게 먹어치우고 자리를 털고 일어섰었다.

"아, 그래? 그간 고생 많았구나. 얼마나 힘들었겠니. 그래도 아마 그 고생이 앞으로의 네 인생에 많은 보탬이 될 거야. 지난 일은 이제 잊어버리고 우리 한번 잘살아 보도록 노력하자. 고생 많이 했다. 내 아들."

뭐 이 정도는 해야지 그래도 애비라고 할 수 있지.

에이, 참!

별로 내키지 않는 술을 먹은 탓인지 숙소로 돌아온 후에도 좀처럼 잠을 이룰 수 없어 한참을 뒤척인 적이 있었다.

나이를 먹어가면서 원하든 원치 않든 간에 손아래에 사람들이 늘어가기 마련이다. 그러다 보면 때로는 그들이 위안을 받기 위해 나를 찾게 되는 일이 종종 있게 되고 그럴 때면 우리는 그들을 위해 작은 위안이라도 되어 주기를 서슴지 말아야 한다.

그게 윗사람으로 해야 할 도리요, 그것은 친지나 친구 간에도 마찬가지다. 정을 나누면서 살다 보면 덕이라는 게 쌓이고 그렇게 쌓인 덕은 언젠가는 나에게 돌아오기 마련이다.

유례없이 힘들었던 겨울이 두 번 지나고 또다시 계절이 봄으로 가면서 조금씩 움직임이 느껴졌다. 깜깜하던 부산 쪽에서 미약하지만, 주문과 함께 문의가 오기 시작했고 주 거래처에서도 얼마간 주문이 늘어나는가 하면 우리가 생산하는 제품을 취급해 보겠다는 사람들이 하나둘씩 다가오고 있었다.

"그래, 좀 와라! 있는 힘을 다해 볼 테니 제발 좀 그 운이라는 거 나한테도 한 번쯤 와다오."

사람들은 나를 보고 팔자가 좋은 사람이라고들 한다.

하지만 그건 모르는 소리다.

지난 세월 동안 헐벗고 굶주리면서 못 채웠던 가슴속 한 귀퉁이가 아직도 이렇게 쓰리고 허전한데 말이다. 그러저러했던 일들로 인해 주눅 들어 살 수밖에 없었던 그랬던 세월 동안 겪었던 주위의 시선으로부터 나는 진정으로 자유로워지고 싶다.

갈 길이 아직 너무나 멀다. 얼마나 시간이 남았는지는 모르겠지만 이승을 떠나는 날까지 이렇게 살아가는 수밖에 없을 것 같다. 설사 그러다 지쳐서 쓰러져 영영 못 일어나는 한이 있더라도 내게는 딴 방법이 없다. 왜냐하면, 그동안 내 삶의 내용이 지나치게 형편없었으니까. 그래서 더욱더 우뚝 서서 당당할 수 있어야 하니까. 당당하지 못하고 초라해지면 나 자신이 내가 싫은데 누가 나를 좋다고 하겠는가.

봄이 가고 계절은 여름의 문턱을 들어서고 있었다.

유난히 일찍 찾아온 더위에다 가뭄마저 길게 이어지고, 게다가 저 멀리 중동에서 에기치 않게 들어온 메르스인가 하는 바이러스 전염병으로 학교들이 휴업하고 병원 응급실이 폐쇄되는 등 여기저기 환자가 발생하면서 온통 나라가 난리를 치르고 있었다.

그런 가운데 정치꾼들은 이때다 싶게 이리저리 몰려다니면서 앞뒤 없이 북을 처대고, 잔머리를 굴려대고, 국민이 욕을 하든 말든 나 몰라라 겉만 번듯한 여의도 그라운드를 들락날락하면서 본

게임은 안 하고 살바 싸움에만 여념이 없었다. 닥쳐올 다음 해 총선 때가 되면 그들은 염치불구하고 또 시중을 돌아다니며 간이라도 내줄 듯 굽실거리면서 한 표를 구걸할 것이고 인정 많은 우리 국민들은 다 잊은 채 또 인연 따라 붓 뚜껑을 눌러댈 것이다.

"에라 이…."

아무리 조그만 나라이지만 그래도 인구가 얼만데 이렇게 인물이 없을 수가 있나.

빠듯하게 돌아가는 회사 사정으로 집사람과 나는 벌써 몇 년 동안 바깥바람 한번 변변하게 쐬지 못하고 전전긍긍하면서 지내던 차에 그날도 종종 그랬듯이 답답함을 달래려 아파트 근처 개천 변을 걷고 있었다.

"몇 년 열심히 기반을 좀 닦아 놓고 나서 나머지 남은 세월 유유자적하면서 그렇게 살다가…. 그랬으면 좋겠다."

"당신 그동안 너무 고생만 해서 정말 그렇게 돼야 하는데."

아내는 안쓰럽다는 표정으로 나를 쳐다봤다.

"구로동 유통단지 손바닥만 한 사무실 하나 월세 얻어 벅찬 마음으로 간판 달고, 기도하고 그렇게 시작한 지 15년이 흘렀는데, 그만큼 했으면 이제 그냥 굴러갈 만도 한데. 참 안 된다."

"…."

"분명히 나에게 무언가 좀 부족해."

"너무 그러지 말아요. 이제 차츰 잘되겠지. 그동안 열심히 살해 왔는데 뭘."

"글쎄, 나름대로는 그런대로 한다고 해 왔는데…. 이제 잘 되겠지. 어떻든 이번 메르슨가 뭔가 좀 잠잠해지고 더위 한풀 꺾이면 가까운 일본 온천 쪽에 미식 여행이나 한번 다녀옵시다. 올해만 잘 넘기면 내년에는 한결 수월해질 거야."

결국은 공수표가 되어버리고 말았지만 우리는 그렇게 서로의 마음을 쓰다듬으면서 좁다란 천변(川邊) 길을 걷고 있었다.

가진 기술이 없어 본사에 그때그때 의지할 수밖에 없는 규모가 작은 회사이었기에 그래서 더욱더 주어진 일에 최선을 다해서 열심히 했었다. 그런데 뭔 일인지 꽤 오랫동안 거래해오던 큰 거래처가 한꺼번에 두 개씩이나 다른 곳으로 가 버렸다. 회사가 자리를 잡고 조금만 더 여유가 생기면 사람을 영입해서 기술력도 키우고 싶었는데 자리를 잡기는커녕 몇 년째 뒷걸음질만 치고 있었다.

모두가 경기가 안 좋다고 야단들이었다. 옆에 단무지 공장 사장은 가끔 뒷마당에 우두커니 서서 그동안 안 피우던 담배를 피웠다. 그 전해에는 세월호 사건으로 홍역을 치렀고 이제 한시름 덜까 했더니 메르스인가 뭔가 하는 전염병이 돌아 또 난리를 쳤다.

"안 피우던 담배를 또 왜 피워."

"답답하니까 피우지요. 정말 죽겠어요."

"다들 그래. 요 앞의 전자공장 사장도 요즈음 죽겠다 그러더라. 어쩌겠어? 그래도 견뎌야지. 죽지 않고 견디다 보면 또 때가 와, 어떻게 해서라도 견디어 보자고, 그러다 보면 좋은 날이 오겠지."

"…."

그렇게 푸념을 하던 중에 저만치서 외국인 노동자 한 사람이 다가오고 있었다.

"일할 사람 필요해요?"

"필요하지 않은데…. 지금까지 뭐 했어요."

"요 밑의 공장에서 일했는데 얼마 전에 망했어요."

"어떻게 해요…. 딴 데 한번 알아봐요."

"…."

회사 주변에는 열 명 안팎의 직원이 일하고 있는 소규모 회사들이 우후죽순처럼 모여 열악한 자금 사정과 작업환경 속에서 힘겹게 살아가고 있다. 여유 자금이 없어 조금만 상처를 받으면 힘없이 쓰러지고 겨우 목숨을 지탱해도 그 후유증이 오랫동안 고통으로 남을 수밖에 없는 영세한 회사들이다.

그중에 많은 회사는 신문도 안 본다. 신문에서 떠들어대는 경기부양책, 금리 인하, 이런 그것들이 그들에게는 남의 일이다. 정치, 사회면도 별로 관심들이 없다. 전에는 그래도 각자 체제에 대한 나름대로의 의식이 있어서 누구를 지지하고 누구를 마땅치 않아 하면서 가끔은 취중에서라도 열변을 토하며 선거 때가 되면 반짝 정치에 관심들을 갖기도 했던 것 같았는데, 어쩌다 이렇게까지 되었는지 지금은 선거 때가 되어도 그때그때 마음 내키는 대로 찍어대고 잊어버리고 만다.

"누가 되어도 지금 같아서는 뭐 똑 부러지게 나아질 것 같지도 않아."

그들에게는 그냥 오늘을 어떻게 넘기고 내일이면 좀 좋은 일이 있기만을 바랄 뿐이다.

어떻든 그렇게 해서 무덥기 그지없던 한여름도 서서히 멀어져 가고 아침저녁으로 서늘한 바람이 불어왔다.
직원들과 힘을 다해서 열심히 하고 집사람의 이해가 한몫을 해 준 덕분에 적자 없이 연말을 넘어갈 것 같아 불어오는 가을바람과 함께 마음이 조금 편안했다.
그런대로 바쁘게 한 주일을 보내고 맞이하는 주일 아침 오랜만에 느껴보는 여유를 즐기면서 집사람과 침대에 비스듬히 누워 나는 아내의 손을 꼭 잡았다.
"내 별로 잘나지 못한 탓에 주위의 많은 사람에게 그냥 신세만 지고 살아온 것 같아. 그러니 어찌겠냐고, 그냥 적당히 넘어가다 보면 세월이 가고 그러다 보면 다 잊히지겠지 했었는데……. 그게 아니야! 그런 것들이 모두 세상 끝날 때까지 하나같이 그냥 족쇄로 남아 마음을 힘들게 해."
"…"
"그래도 그 일이 있고 난 후 지금까지의 세월 동안 기회가 되는 대로 조그마한 것들은 신경을 써 왔는데…,"
말없이 듣고만 있던 아내가 조용히 거들었다.
"맞아요. 세상에 거저는 없어요."
"그러니 어찌겠어! 갚아야지. 그러기 위해서 열심히 일하는 거야. 그러다 보면 조금씩이나마 그 족쇄라는 것이 하나씩 하나씩 벗겨지겠지. 그렇게 힘닿는 데까지 열심히 일하다 보면 조금씩 홀가분해지고 그렇게 사는 거지, 뭐. 그러다 언젠가 저 위에서 부르시면 가야지. 별수 없이 나라는 사람은 그렇게 타고난 모양이야. 하기야 그것도 좋지! 하지만 우리 거기에만 매달리면서 우리 남은 인생까지 허비하지는 말자고. 그건 그거고. 그렇게 하나씩 되는 대로 벗어가면서 우리도 이제 여유를 좀 가지고 즐겁게 삽시다. 먹고 싶은 것 먹고 여행도 다니고 말야."

"그래요. 그러려면 당신 몸 건강해야 해요. 그래야 당신 생각대로 하지."

그렇다. 세상에 거저 얻어지는 것은 없었다. 누구에게서인가 신세를 지면 나도 모르는 사이에 그에게 소속되어 버리고 말았다. 싫어도 좋은 척해야 했고 그가 옳지 않아도 옳은 척할 수밖에 없었다. 그렇게 해서 나는 나 없는 서글픈 삶을 집사람과 더불어 참 많이도 살아왔다.

그렇게 집사람과 침대 머리맡에 비스듬히 기대어 조금씩 방 안으로 밀려들어 오는 아침 햇살을 쳐다보며 도란거리는 사이에 가을은 살짝 열어놓은 베란다 쪽 창문 틈 사이로 서서히 밀려들어 오고 있었다.

겨울답지 않게 포근한 날씨가 이어지고 있었다. 엘니뇨 현상이라고 했다.

그렇게 한 해가 가고 또 새로운 한 해(2016)가 시작돼서 한 열흘 남짓 지날 무렵 하나 있는 손아래 동집내기 내부가 병원에 입원했다는 소식을 접하고 여동생에게 전화했다.

"임 서방이 입원했다는데 어떻게 된 거야?"

"오빠! 어쩌면 좋아, 간암이래. 그리고 너무 늦었대. 간경화가 너무 진행돼서 손을 쓸 수가 없대."

여동생이 통곡하면서 전화를 받았다.

바쁘게 채비를 하고 입원한 병원으로 달려가 보니 응급조치를 해놓은 상태이었지만 모두가 그냥 손을 놓고 떠날 때를 기다릴 수밖에, 무슨 방법이 없는 그런 상황이었다.

아주 늦둥이로 태어난 매부는 일찍 부모님이 가시고 차례로 손위 누님들 그리고 형님까지 보내면서 소싯적부터 홀로 외롭게 지냈다. 그러니 결혼 후 자연 처가 쪽으로 기울 수밖에 없었고, 그렇게 사십여 년 넘게 서로 의지하며 한뱃속 형제처럼 희로애락을 같이 하면서 살아왔었다. 우리나라 대표적인 방송국의 기술부장까지 지내면서 한 생을 굴곡 없이 잘 살아온 사람이다.

절약의 DNA를 좀 지나치게 타고난 덕에 평생 모은 재물을 대부분 이승에 놓아둔 채 결국 눈을 감고 말아야 할 처지에 놓여 있었지만, 그 사람만큼 세상을 반듯하게 살아온 사람도 그렇게 많지는 않을 듯하다.

마땅히 주위에서 거들 사람이 나밖에 없었기에 나는 거의 매일같이 매부가 입원해있는 병원에 들른 다음 출근하다시피 했었다. 마침 그가 입원해있는 병원은 사위가 전에 수련의로 근무하던 병원이었고 담당 의사도 잘 아는 사람이었기에 많은 도움이 됐다.

당장 떠날 것같이 주위 사람들을 당황스럽게 하더니 한 두 주

넘게 입원한 후 그는 우선 집으로 퇴원했다.

하필이면 그때 날씨가 몹시도 추웠다. 몇 년 만에 기록적인 한파였다고 했다.

집안에 우환이 있어 당장 앞에 닥쳐오는 설을 어떻게 할까? 고심하다가 불문곡직 흥분부터 먼저 하시는 모친에게는 우선 알리지 않기로 하고 우리는 그냥 조용히 설을 맞았다.

인생은 인내의 끝없는 연속인 것 같다. 불쑥 무슨 일이 터지면 하늘이 무너지는 것 같고, 그렇게 또 시간이 지나면 일상으로 돌아가고, 그래서 좀 평온하다 싶으면 또 무슨 일이 터지고 그렇게 우리는 신들의 꽃놀이패에 휘말려 정신없이 이리저리 몰려다니다가 결국은 이미 운명적으로 정해져 있는 끝맺음을 하게 된다.

속상할 것도 없고 화낼 일도 아니다. 왜냐하면, 우리는 이미 처음부터 정해져 있는 상황 속에 생을 시작해서 그냥 살다가 결국은 생을 마감하게 되어 있으니까.

매부는 설날 저녁녘에 갑자기 위독해져서 전에 입원해있었던 병원 응급실로 갔지만 설 연휴의 재입원이 그렇게 만만치가 않았다. 제주도 본가에서 명절을 쇠고 있는 사위에게 연락하고 그가 이리저리 애써준 덕에 매부는 다시 병원에 입원할 수가 있었고 그래서 우선은 한숨을 돌리면서 우리는 그렇게 설 명절을 보냈다.

설 연휴가 끝나고 병원에를 들러보니 매부는 병세가 더 악화되어 거의 의식이 없었다. 다음날 여동생에게 다시 전화를 걸었다.

"좀 어떠냐?"

"어제 오빠가 다녀간 후 의사 선생님이 영양제 주사를 놔 주었는데 좀 빤짝하면서 침대 난간을 짚고 일어나 앉아 창밖을 내다보면서 말이우. '비가 오네! 차가 참 많이도 다닌다.' 글쎄 그러는구려."

누이동생은 약사다. 그냥 보통 사람들보다는 의학적인 지식이 있는 사람이다. 그래서 매부에게 시간이 얼마 안 남았음을 잘 알 텐데 그래도 동생은 그렇게 잠시나마 제정신으로 버티어 주는 매부가 고마운 것이었다.

그래, 그렇게 병상에 앉아 밖을 내다보고 있는 그 순간도 삶이다. 아무리 절망 속에 고통스러워도 살아서 바라볼 수만 있다면 그것만으로도 동생에게는 위안이 되는 것이었다. 그렇게 동생과의 전화를 끊고 잠시 생각에 잠겼다. 그리고 전해에 뜻하지 않게 세상을 떠난 동갑내기 동서 생각을 했다.

우수도 지나지 않았는데 창밖에는 초봄을 재촉하듯 늦겨울 비가 구질게 내리고 있었다.

그로부터 며칠 후 겨울을 그냥 보내기가 아쉬운 듯 경칩을 한 열흘 남짓 남겨두고 갑자기 추위가 몰려왔다.

막 출근채비를 하고 있는데 갑자기 전화벨 소리가 아침을 깨우면서 요란하게 울렸다.

점차 잠자는 시간이 많아지고 깨어있는 시간이 두세 시간으로 줄다가 결국 매부는 그렇게 자는 듯 눈을 감고 이승을 떠나고 말았다. 동갑내기 넷 중에 육촌 형이 가고 동서도 가고 이제 매부마저 그렇게 떠나갔다.

그리고 썰렁하니 혼자 남아 나를 돌아보니 내 나이 칠십하고 둘.
"많은 나이인가?"
부리나케 양복에 검은 넥타이를 매고 집사람과 같이 장례식장으로 달려갔다. 누이동생은 사색이 되어 있었고 조카 둘과 조카사위들이 와 있었고 동생들, 그리고 성당의 연령회분들이 속속 도착하면서 장례식 절차에 들어갔다.

추모공원을 떠나 논산 가는 길에는 간간이 눈발이 날리고 있었다.
'그래, 한세상 잘 살다가 간다. 나 태어나 외롭고 쓸쓸한 길을 가다가 벗들을 만나 외롭지 않으려고 했었는데, 그랬는지 안 그랬는지…. 그래도 이승 끝내고 가는 길에 하늘에서 뿌려주는 꽃내음 맡으며 가니, 이만하면 되었지 뭐.'
2016년 2월 23일 아침, 가족들의 후회와 아쉬움의 몸부림을 뒤로한 채 매부는 그렇게 떠나고 말았다.

보지도 않는 텔레비전을 틀어놓은 것 같이 세상이 무척이나 시끄러웠다.
김정은이는 무리하게 권력을 틀어잡은 후 체제를 굳히느라 일찍이 자기 고모부를 비롯한 수많은 사람을 잔인하게 저승으로 보내놓고 핵실험을 하나, 로켓을 쏘아 올린다 하면서 한반도를 벌집 쑤서놓은 듯 제 명을 재촉하고 있었다. 더불어 UN을 비롯한 미국, 중국, 일본, 러시아 등 주변 강대국들은 자국의 이익을 계산하느라 여념이 없었고, 거기다가 키리졸브인가 하는 한미 군사훈련까지 겹치면서 미국은 항공모함, F-22, 스텔스전투기를 비롯한 최첨단 무기들을 속속 한국으로 보내오고 한동안 회자(膾炙) 되었다가 다시 잠잠해졌던 사드(THAAD, 고고도미사일방어 System)가 관심 속으로 들어오더니 결국 들어오기로 마음을 굳힌 듯했다.

　중국은 그들대로 한반도 주변의 미국과 일본을 견제하기 위해 우리를 얼렀다가 뒤통수를 쳤다가 하면서 그들 특유의 전법을 구사하느라 열심이었다.

　그런 와중에 정치판에서는 같지도 않은 인물들이 무엇이라도 되는 양 착각을 한 자칭 거물급이라고 하는 정치꾼들이 20대 총선을 앞에 두고 감 놔라 배 놔라 홍동백서인데 그건 왜 거기다 놨느냐 하면서 각자 자기들 집 대청마루에서 법석을 떨고 있었다. 육이오 난리는 난리도 아니었다.

　지금은 거의 볼 수가 없어졌지만, 예전에 뻐꾸기시계라는 게 있었다. 정해진 시간이 되면 시계 속 둥지 안에 있던 뻐꾸기가 밖으로 나오면서 뻐꾹 하고 울어대던, 그래서 삭막했던 세월을 달래 주던 시계가 있었다. 그랬었던 뻐꾸기가 즈음해서 소음으로 변해 여기저기에서 마구 울어대고 있는 듯했다. 난데없이 나타나서 한마디 하고, 소리를 지르고 들어가고 또 나타나서 무슨 말인지 알 수가 없는 소리를 몇 마디 하고 나서, 또 들어가고 그러면서 세상을 온통 뒤숭숭하게 하고 있다. 진정 같지도 않은 정치꾼들이 말이다.

뭐, 제대로 된 인물 같지도 않은데 자기 생각에는 그렇지 않은가 보다. 즈음해서 그런 인물들이 여기저기 너무나도 많았다.

새해 벽두부터 정신을 차릴 수가 없었다.

무슨 일인지 꽃들이 개나리, 진달래, 벚나무 할 것 없이 한꺼번에 피더니 거리가 꽃잎으로 뒤덮이면서 갑자기 세상이 시끄러워졌다. 20대 국회의원 선거가 다가왔다고 했다. 여야 할 것 없이 국민 생각은 아랑곳없고 격투기 하듯 링 밖에까지 나와 엎어 치고 메치고 하면서 치고받고 자기들끼리 난리도 아니었다.

옛날에는 그렇게까지는 아니었던 것 같았는데 세월이 가면서 세상은 삭막해지고 아비 어미가 마치 옛날 독재 정권에서 반체제 인사들 고문하듯 자식을 학대 하다못해 죽이지를 않나, 자식들이 돈 안 준다고 부모를 살해하는 일들이 비일비재했다. 나라를 다스리는 정치인들은 꾼으로 바뀌다 못해 막가파 쪽으로 가는 것 같아 사람들을 화나게 하고 그래서 사람들은 즈음해서 정치 쪽으로는 아예 관심조차 두지 않았다. 그래서 아마 더욱 아무렇게나 막 휘둘러도 되는지 알았나 보다.

"그렇게 난리굿을 하면서 서로 물고 뜯고 하더니 차라리 잘됐어. 3당 체제가 됐으니 셋이서 서로가 왔다 갔다 하면서 의논이라는 것도 하고, 이제 좀 덜 싸우겠지."

"그래도 한동안 몹시 시끄러울 것 같은데…."

"서로 사리를 찾을 때까지는 좀 시끄럽겠지. 하지만 울화동 나는 일은 전보다 한결 덜할 거야. 둘 다 혼쭐이 났으니까."

오랫동안 여당, 야당에게 텃밭이라는 게 있어서 깃발만 꽂으면 별문제 없이 뽑아주고는 했다. 한국 사람의 특유의 정이라는 것 때문이었을 게다. 그래서 아무렇게나 해도 되는 줄 알고 안하무인 마구 휘둘러대더니 결국 된서리를 맞고 말았다. 여당은 참패하고 세상은 여소야대가 되었고, 야당은 텃밭을 몽땅 제3당이 된 국민의당에다 내주고 마는 수모들을 겪고 말았다. (더불어민주당 123석 새누리당 122석 국민의당 38석)

"어찌 그렇게 시건방을 떨고 난리를 치더라. 결국은 내 이렇게 될지 알았어."

그렇게 해서 4월 13일 20대 국회의원 선거가 끝나고 한 이삼일 술렁거리더니 세상은 다시 일상으로 돌아가고 있었다.

언제 무슨 일이 있었냐는 듯 회사를 오가는 길에는 예나 다름없이 많은 트럭이, 그리고 많은 승용차가 분주히 오가고 계절은 꽃을 피우고 새순이 나면서 아무렇지도 않게 봄 가운데로 그렇게 흘러가고 있었다.

"괜찮아요?"
"어~ 괜찮아! 아주 좋아. 오랜만에 뛰니까 옛날로 다시 돌아온 것 같아. 걱정하지 마."
"지금 당신 나이가 몇인데. 걱정돼서 죽겠다."
"괜찮다니까. 걱정하지 마. 생각보다는 괜찮아. 아주 좋아."
"당신이 한동안 돈 때문에 힘들어하다가 일이 생기니까 그렇지, 괜찮을 수가 있어요?"

그래 정말 몹시 힘들었다.

이가 모두 흔들리고 차고 뜨거운 것을 먹을 수가 없었다. 하지만 그렇게 해서라도 좋으니 일감이 몰려와서 사정이 좀 나아졌으면 했다.

2016년 여름이 한참 깊어가고 있을 무렵 어느 날 세상이 가습기 사건으로 한참 곤욕을 치르고 있을 때 우리로서는 감당하기가 벅찬 대기업 중에 한군데로부터 연락이 왔었다.

"애큐랩통상입니까?"

"네, 그렇습니다. 어디십니까?"

그들이 제시한 거래 조건은 우리가 취급하고 있는 약품이 그때 한참 나라 안을 떠들썩하게 하고 있던 그런 종류의 독성물질이 아니라는 것을 증명할 수 있어야 한다는 것이었지만 그건 별로 어려운 일이 아니었다.

허지만 그 당시 우리가 거래하고 있는 거래처를 관리하면서 그런 커다란 회사와 거래하기란 참으로 만만치 않은 일이었다. 거기다 거기서 요구하는 백여 개 각 점을 돌면서 관리하기란 쉬운 일이 아니었을 뿐만 아니라 이것저것 제하면 그렇게 노력만큼 남는 장사도 아니었다.

하지만 재정은 지난 4~5년의 적자가 누적되어 있었다. 연초가 되면 재정은 마이너스로부터 시작되고, 가을이 되면 여름 내내 거두어들인 돈으로 빈자리를 메꾸고 하면서 세월이 갔다.

상황으로 보아서는 아주 힘든 시기에 제대로 기회가 찾아온 것이기는 했지만 우선 몇 천만 원을 들여가면서 장비를 구입해야 했고, 제품을 제때 실어 나르기 위해서는 화물을 실어 나를 수 있는 차를 구매하지 않으면 불가능했다. 결국, 우리는 수금을 해서 갚기로 하고 장비와 스타렉스 밴을 구입한 후 전국에 널려있는 거래처를 셋이서 제품까지 만들어가면서 각자 자동차에 1~2톤씩 물건을 싣고 정신 나간 사람처럼 달리고 또 달리고 할 수밖에 딴 방법이 없었다.

하지만 오랫동안 만들어온 단골 거래처를 등한시하지 않으면서 또다시 새롭게 만들어진 거래처를 확실하게 관리해야 한다는 것은 그렇게 만만한 일이 아니었다.

내 나이 일흔둘, 적은 나이가 아니었지만 그래도 몸소 앞장을 서지 않으면 도저히 해낼 수가 없었다.

그렇게 시작한 일로 기진맥진이 되어 책상 앞에 다리를 올려놓고 쉬고 있는데 배 이사가 들어왔다.

"사장님! D 백화점을 다녀왔는데요."
"…."
"거기서 전국점포 모두를 하지 않겠냐고 하는데요."
"지금 상황에 거기까지 할 수 있겠냐?"

그의 대답을 나는 이미 알고 있었다. 그와 나는 젊은 날 대부분을 같이하면서 살아왔으니까.

날씨는 연일 섭씨 37도를 오르내리며 연일 최고를 갈아치우고 작업장마다 냉각탑이 있는 옥상은 사십육, 칠도까지 오르내리면서 마치 한증막을 방불케 하는가 하면 거기다 갑질을 할 만한 분들이 갑질을 하면 '에이… 나쁜 분들.' 하면서 속상해하고 '온 국민이 겪는 일인 걸 나라고 어쩌겠어.' 하고는 슬쩍 넘어갈 수도 있겠지만, 거래처를 돌아다니다 보면 가끔 깜도 안 되는 분들이 갑질을 해대면서 가뜩이나 무더운 날씨에 괴로움에다 괴로움을 보태고는 했었다.

예년 같으면 열대야가 닷새 혹은 이레 정도 지속되다가 태풍이 오고 비가 거세게 지나가면서 더위가 한풀 꺾이고는 했었는데 그해 따라 입추를 지났는데 잠 못 이루는 열대야가 스무날을 넘어서 계속되었다.

하지만 우리에게는 다시없는 기회였다. 진인사(盡人事) 하면서 기다리다 맞이한 기사회생의 기회였던 것이었다.

우선은 거래처마다 장비를 설치하고 자동차를 사고 이래저래 경비를 쓰고 나면 별로 남는 것이 당장은 미미하다 해도 다음 해에는 제법 손에 쥐는 게 좀 있을 것이라는 희망이 있었기에 우리는 진실로 최선을 다해 뛰고 또 뛸 수가 있었다.

우리가 그렇게 무더운 찜통더위 속에 땀을 비 오듯 흘리면서 거래처 옥상을 오르내리느라 세월을 잊고 있을 때에도 세상은 각기 나름대로 세월을 따라 흘러들 가면서 고속도로 휴게소에는 여름 휴가철을 맞은 행락객들로 장날의 장터를 방불케 했고 각종 매스컴은 때마침 시작된 리우 올림픽에 초점을 맞추어 물불을 가리지 않고 시청자들의 시선을 끌기 위해 안간힘을 쓰느라 여념들이 없었다.

그런 가운데 세상은 각자 나름대로 짜인 수많은 길을 용케도 한세월의 흐름 속에 엮여 흘러들 가고, 말복이 가고, 처서가 지나 아침저녁으로 제법 시원한 바람이 불어왔다. 그렇게 결국 우리는 삼복의 넉 달 대장정을 마치고 이제는 조금씩 좋은 날들이 오겠지 하고 희망하면서 추석 명절을 보냈다.

강도 5.8 지진으로 경주가 흔들리고 불국사를 비롯한 전통한옥들이 더불어 흔들리면서 계속되는 440회가 넘는 여진이 발생했다고 한다. 그리고 그 피해가 만만치가 않을뿐더러 앞으로 닥쳐올 일들이 몹시 걱정스럽다고 했다. 이제 우리나라도 지진으로부터 자유롭지가 않다는 기사들이 각종 매스컴을 통해 연일 대서특필되는 가운데, 정치권은 덩달아 호들갑들을 떨 만도 한데 생각했던 것보다는 좀 별로인 듯했다.

얼마 전까지만 해도 여름인 듯 가을인 듯 아침과 낮 기온 차가 십 도를 넘어가면서 아침나절에는 싸늘하고 한낮에는 여름 같더니 며칠 사이 조금씩 비가 흩어지면서 날씨가 제법 쌀쌀해지고 거리에는 반소매가 사라져 가고 긴소매가 그 자리를 메우고 있었다.

"달이 크다. 추석 지난 지가 벌써 한 달 됐나?"

"…."

"금세 한 달이네. 참 세월이 빠르기도 하다."

"……"

"내가 앞으로 얼마나 살까? 한 십 년은 살까?"

"그냥 크게 아프지 않고 한 십 년 살다가 가면 그것도 괜찮지, 뭐."

저녁으로 집사람과 냉면을 사서 먹고 그렇게 도란거리며 가로등이 뿌연 실개천을 끼고 걷고 있는 사이에 계절은 가을 깊숙이로 접어 들어가고 있었다.

"야- 이건 나라도 아니다. 무슨 이런 일이 다 있냐!"
"글쎄 말이에요. 정신이 나간 사람인가 봐. 세상에 이럴 수가 있어 그래?"
"이건 최순실이 대통령이고 박근혜는 완전히 꼭두각시 노릇을 했구먼?"

박근혜 씨가 대통령이 되고 사 년간을 국민들은 그가 국가를 책임지고 통치를 하는지 알았다. 그런데 그동안 어디서 생판 이름도 들어 본 적이 없는 최순실인가 뭔가 하는 여자가 박근혜 대통령을 앞세우고 뒤에서 수렴청정하면서 자신의 수족들을 앞세워 몇천 억의 국가 예산을 마음 내키는 대로 주물러 댔는가 하면 그것도 모자라 미르 그리고 K-스포츠인가 뭔가 하는 경제 비상 시국에 전혀 맞지도 않는 재단을 단 며칠 만에 뚝딱 만들어 가지고 대통령을 앞세워 대기업 총수들을 회유 내지는 협박하다시피 하여 몇백 억을 뜯어내어 두 재단을 비롯해서 여기저기 박아 놓고 자신의 측근들을 총동원해서 어마어마한 부를 축적했을 뿐만 아니라 정관계를 두루 늘었다 놓았다 하면서 동분서주 몹시도 바쁜 한 세월을 풍미했다는 전대미문의 도저히 믿을 수 없는 일이 벌어진 것이었다.

거기다 명문 여자대학인 이화여대에 자기 딸을 학칙까지 바꾸어가면서 부정입학을 시켰다. 그것도 큰소리를 쳐가면서 말이다. 그 여자야 그렇다 치고 한 학생을 부정입학 시키기 위해서 학칙까지 바꾸는 학교는 또 무엇이냐 말이다.

'나야 나! 나 최순실이야. 내가 누군지 알지?'

온 나라를 휘젓고 다니면서 이랬다는 것이다. 더 심각한 것은 그게 어디서나 다 통했다는 거다.

G20, 세계적인 경제 대국이라는 나라에서 말이다. 한 사람의 자녀를 입학시키기 위해서 학칙을 고치고, 한 나라의 정책이 강남 한 고급 사우나의 찜질방에서 논의되고, 그러다가 때로 마음에 안 들면 곧바로 대신들을 불러다 호통을 치고 그래서 벼슬이 떨어져 나가고 그것이 나라님도 아니고 옆집 아줌마인 줄 알았던 사람에 의해서 저질러졌다니, 이건 정말 나라도 아니었다.

그렇게 어이없는 일들이 양파껍질처럼 까고, 또 까도 끝이 없이 불거져 나오자 순식간에 세상이 뒤집어지고 난리도 아니었다.

주말에는 광화문 광장에 백만이 넘는 인파가 몰린 가운데 촛불집회가 열렸다. 이미 대통령에 대한 탄핵은 국민으로부터 처리되고 말았다.

좀 웃기는 것은 그때 광화문 광장 제일 가운데 야당 인사들이 이때다 싶어 자리를 잡고는 이 사람 저 사람 아무나 손을 잡고 악수를 해대면서 집회의 본질을 호도하는 모습들이었다.

학생들을 비롯해서 힘 있는 젊은 청장년들은 광화문 광장으로 나가고 나 같이 힘없는 늙은이들은 꿀 먹은 무엇처럼 말을 잃은 채 뒷짐을 지고 괜히 골목길만 어슬렁거렸다. 나라가 온통 그랬다.

시쳇말로 온 나라 온 국민이 멘붕(mental의 붕괴) 상태였다.

나라는 이미 나라가 아닌 것이 되어버렸고, 그 많은 세월 동안 쌓아온 것들이 모두 무너져 버려 폐허가 되어버린 도시 위에 넋을 잃고 앉아있는 사람들 사이로 휑~하니 먼지를 일으키며 바람만 불었다.

대통령이 하야하고 현재 국무총리가 업무대행을 하면서 일사천리로 새 대통령선거에 들어가는 것이 유리한 대권 후보자가 있을 것이다. 그래서 그는 광화문 쪽에 죽어라고 얼굴을 내민다.

한쪽은 질서 있는 탄핵을 들고 나오기도 한다. 물론 지금은 조금 부족한 것 같기는 하지만 전자가 좌충우돌하면서 가끔 헛발질하는 걸 보면서 시간을 가지고 전열을 가다듬다 보면 기회가 올 수도 있지 않을까 해서다.

그런가 하면 박근혜 대통령으로서는 이제 얼마 남지 않은 기간 끌 수 있는 대로 끌다 보면 어떻게 임기는 채울 수도 있지 않겠느냐 하는 욕심이 생길 듯도 하기는 했다.

결국, 2016년 12월 9일 국회는 박근혜 대통령 탄핵을 의결하고 말았다. 그것도 집권당인 여당의 도움으로.

공은 헌법재판소로 넘어갔고 제법 복잡하게 얽혀버린 실타래를 풀다 보면 세월이 솔찮게 필요할 것 같기는 한데. 어떻든 한동안 좀 시끄러울 것 같았다.

큰애는 서초동에서 바로 옆 동으로, 작은애는 용산에서 목동으로 조금씩 평수(坪數)를 늘려서 이사했다.

그렇게 무탈했던 한해를 고맙게 보내는 가운데 거리에는 크리스마스 캐럴이 흘러나오고 동지(冬至)가 지나고 낮이 노루 꼬리만큼씩 길어지면서 한 해가 저물어가고 그랬다.

새해에도 더도 말고 올 한해 만큼만이라도 매출이 유지되어 주기만을 기원하면서 비수기가 시작되는 정월에 들어서고 있었다. 역시 초반부터 힘든 세월이었다.

하지만 그래도 우리는 지난해만큼의 매출은 유지할 수 있을 것이라는 희망의 끈을 놓지 않고 진인사대천명의 마음으로 처한 상황 속에서 최선을 다할 것을 다짐하면서 송구영신, 조용히 한 해를 보내고 새해를 맞이했다.

그렇게 새해가 밝아오고 한 주가 되는 2017년 1월 7일 아침 아홉 시 사십오 분에 초롱초롱 한 눈으로 이 다 늙은 할애비를 응시하는 손자가 찾아왔다. 금년 한해가 이렇게 예사롭지 않은 경사스러운 일로 시작되고 있었다.

그깟 대통령이야 제가 알아서 내려오든지 말든지 여하튼 금년은 우리 집에 좋은 일만이 있을 것을 의심하지 않으면서.

입춘이 지났고 우수, 경칩까지 지나면서 봄이 성큼 다가왔다.
지난해 제법 커다란 거래처가 생겨 죽을힘을 다해서 매출을 올려 보았지만, 시설비와 뜻하지 않았던 경비를 제하고 나니까 그해에도 경제적 시달림은 예년과 별반 다르지 않았었다. 아마 지난 몇 해 동안 축적되었던 적자 때문이었을 게다.
하지만 기사회생(起死回生)이었다.
"명년까지는 꼭 해야 하는데. 꼭 그래야 하는데."
가을이 지나고 꼬박 애를 태우면서 한겨울을 보냈다.

그리고 그해에도 우리는 우리가 바라던 대로 전년(前年)과 다름없이 계속해서 매출을 끌어올릴 수가 있었다. 역시 간단한 일은 아니었다. 하지만 어차피 우리가 하는 일이 계절사업이니 어쩌겠는가.
전년과 다름없이 회사 전원이 땀을 비 오듯 흘리며 삼복의 불볕더위 속을 뛰고 또 뛰면서 전력투구, 그런대로 한여름의 고비를 대충 넘기고 막바지에 왔을 무렵이었다.

내가 춘천, 원주, 영주, 안동을 거쳐서 회사에 도착한 시간은 밤 열 시가 조금 넘은 시간이었다. 공장들만 들어서 있는 가운데 자리를 잡고 있는 회사는 그야말로 적막강산(寂寞江山) 그대로였다.

다음날 또다시 강릉, 삼척으로 가기 위해 나는 승용차 뒤에 짐을 잔뜩 실은 다음 회사 문을 닫았다. 그런데 회사 문이 헐거웠다.

'내일은 출장을 가야 하니까 저걸 고쳐 놓고 가야겠다.'

나는 지게차를 끌고 나와 앞으로 자빠지는 회사 문을 대충 받혀 놓고 사다리를 세운 다음 연장을 들고 사다리 위로 올라갔었다.

문짝을 들어 올리면서 망치로 한참을 두드리고 있을 무렵 나를 받히고 있던 사다리가 뒤쪽으로 맥없이 미끄러지면서 칠흑 같은 어둠 속에 버티고 서 있는 지게차 쪽으로 곤두박질치고 말았다. 그래도 천만다행으로 머리, 몸통과 고관절을 지나서 대퇴부를 바로 옆에 버티고 서 있던 지게차에 내리치고 말았다. 발목은 생각대로 움직이는데 왼쪽 다리는 허벅지 윗부분만 움직이고 그 밑은 움직여지지 않았다.

"이제 대충 끝났는지 알았는데…. 또 있었구나. 정말 질기기도 하다."

그동안 쌓였던 피곤이 밀려오면서 나는 속수무책으로 한동안 그렇게 누워 있었다. 하지만 휴대전화는 차 안에 있었고 그래서 어떻게 달리 연락할 방법이 없었다.

얼마가 지났을까….

회사 저쪽에서 그 시각 전혀 예측하지 못했던 자동차 한 대가 불빛을 비추면서 내가 누워 있는 쪽으로 다가오고 있었다.

"이 시간에 여기 들어올 차가 없는데…."

그리고 잠시 후 도착한 차는 바로 옆 공장 차였다.

덕분에 119구급차가 달려오고 나는 시흥 근처 3차 병원으로 옮겨졌다. 그리고 우선 응급실에 들러서 X-레이를 찍어보니 왼쪽 허벅지 뼈가 부러져 살 속에서 엇갈려 있었다. 도저히 견딜 수 없을 만큼 통증이 심했다. 식구들이 하나둘씩 도착하고, 새벽 세 시가 지나 나는 또 다른 구급차에 실린 채 흑석동 중앙대학병원 응급실에 도착했다. 의대 교수로 근무하고 있는 사돈의 도움으로 모든 절차가 잘 이루어졌다.

그렇게 날이 밝으면서 담당 의사가 방문하고 나는 몇 가지 검사를 거친 뒤에 전신마취를 한 후 수술에 들어갔다. 그리고 얼마 후 2017년 8월 11일 점심 때쯤에 나는 환자용 이동식 침상에 뉘어진 채 병원 수술실을 거쳐 회복실 문을 나서고 있었다.

"너희 엄마는?"

딸아이와 큰아이가 보이고, 그리고 곧이어서 아이들 뒤쪽에 걱정으로 가득한 아내 모습이 눈에 들어왔다.

다음 날 아침 담당 의사가 입원실로 찾아왔다.

"수술은 잘되었습니다. 운동 열심히 하십시오. 준비되는 대로 댁에 돌아가시고 그 후 얼마 만에 한 번씩 통원 치료하시면 되겠습니다."

닷새 후 양팔에 목발을 짚은 채 배 이사의 차를 타고 어지러움과 멀미와의 악전고투 끝에 집으로 퇴원을 했다. 전신마취와 수술 후유증은 그야말로 만만치가 않았다.

그리고 곧이어 우여곡절 끝에 마땅한 매수자가 나타나 수지 집이 팔렸다. 그리고 나서 한 달포가 지나 나는 목발을 짚고 다리를 절룩거리면서 아내와 함께 결국은 4년 전 전세를 주고 떠나왔던 공덕동 아파트를 거의 완벽하게 리모델링을 한 다음 이사를 했었다.

다시 몇 년 전 살던 집으로 돌아오니 감개도 무량하고 좋았다. 무엇보다도 우선 아파트 정문만 나서면 은행을 비롯해서 목욕탕 조그만 병원들 그리고 사통팔달(四通八達) 대중교통망 등 생활여건이 전에 살던 수지와는 델 것도 아니지만 솔내 나는 공기를 맡을 수 없는 것이 많이 아쉬웠다.

"도대체 제정신이 아니지 지금 나이가 몇인데 그 밤중에 아무도 없는 데서 사다리를 세워놓고 그 위를 무슨 배짱으로 올라가냐, 올라가기를…."

"맞아, 내가 너무 부주의했어, 나이는 어쩔 수 없나 봐. 이제 정말 몸과 마음이 따로 노네. 매사에 주의해야겠어. 이제 정말 주의를 해야지."

가족들은 물론 보는 사람마다 한마디씩 히면서 통박을 주고는 했다.

앞서 잠깐 언급했듯이 내가 일을 하다가 쓰러져 죽는 한이 있어도 죽을힘을 다하여 그 돈이라는 걸 좀 벌어서 나를 나 아닌 사람처럼 살아갈 수밖에 없도록 느껴지게 하는 이들에게 되는 대로 조금씩이나마 성의껏 나누어 주고 홀가분해지고 싶었다.

그리고 지금까지 오직 나 하나만을 믿으면서 살아와 준 내 집사람에게.

'자, 이제 대충 성의껏 할 만큼은 한 것 같아. 앞으로 세월이 얼마나 남았는지는 잘 모르겠지만, 이제부터라도 우리 나름대로 삶을 한번 살아봅시다.'

해야 할 것 같기 때문이었다.

그런데, 꼭 그래야 했는데….

뜻하지 않게 사고를 당하고 성치 않은 몸으로 얼마간을 보내면서 나를 돌아보니, 내 나이가 칠십을 훌쩍 넘어버려 이제는 슬프게도 이미 물건을 싣고 밤을 새워 전국을 누비며 다니는 일도, 눈에 불을 켜고 죽을 둥 살 둥 모른 채로 밤을 새워가며 물건을 만드는 일도 이제는 점차 가능성이 없어 보였다.

"어쩐다?"

어떻든 완전히 낫지도 않은 다리를 끌고 이사를 하는 일은 그렇게 만만치가 않았다.

이사가 대충 끝나고 밤이 제법 깊은 시간에 나는 아픈 다리를 이끌고 근처 목욕탕에 갔다. 워낙 늦은 시간이라 탕 안에는 두세 명 정도만이 각자의 일에 몰두하고 있었다.

"아, 이렇게 끝나야 하나?"

나는 욕조에 들어앉아 헛웃음을 웃으면서 허탈하게 천장만을 쳐다보고 있었다.

사업에 실패하고 봇짐 하나 달랑 들고 간데없이 떠난 지 어언 30년. 훅 하고 세월이 간다. 한여름 밤 꿈같다.

남들은 인제 그만 좀 쉬면서 적당히 회사관리나 하면서 지내라고 한다. 하기 쉬운 말이다. 어떻게 사업이라는 것을 적당히 그냥 쉬면서 할 수 있는 일만을 골라서 할 수 있단 말인가. 살아남지 못하면 죽을 수밖에 없는 이 치열한 경쟁 속에 '적당히'라니.

"그래, 할 수 있는 데까지 최선을 다해서 진인사(盡人事) 하자. 그러다 보면 또 무언가 나타나겠지. 지난번에 생각하고 또 생각해서 이미 각오를 했었잖아, 위에서 부르시는 그날까지 그렇게 하겠다고. 또 안 그러면 어떻게 할 거야. 그렇게 하다 보면 언젠가는 또 무언가 생각지도 않았던 일이 생겨날지도 모르잖아. 그렇게 해서 또 기사회생(起死回生)하고, 그러면서 가는 데까지 가는 거지 뭐. 언제는 안 그랬나? 지금까지 그렇게 하면서 그래도 용하게 살아왔잖아."

한여름이 가고 서서히 찬바람이 불면서 껍질을 벗고 사회로 나온 후 내 생에 가장 길었던 추석 연휴를 죄스럽지만 (특히 아버지께) 아프다는 핑계로 차례도 건너뛴 채, 잠결에 통증이 오면 깨어서 새벽잠은 설치고 그렇게 하루하루를 보내면서 계절은 가을 한가운데 깊숙이로 들어서고 있었다. 그리고 나는 다행히 그나마 자유스러운 오른쪽 다리로 운전하면서 절룩거리는 왼쪽 다리를 이끌고 조금씩 쌀쌀해지는 가을 공기를 마시면서 회사로 가고는 했다.

오가는 차 안에서 어쩌다 라디오를 틀었더니 지금 미국 대통령은 트럼프라는 사람이고 우리나라 대통령은 문재인 씨라고 했다.
'아, 그렇구나. 그동안 대통령선거가 있었지. 그리고 지금 박근혜 전 대통령인가 하는 사람은 최순실 그리고 삼성의 이재용 부회장 등등 몇 사람들과 함께 구치소에 수감되어 있고.'
'그것 봐. 어쩐지 좀 위태위태하다 했어. 그래서 나를 쳐다보는 눈이 많아질수록 긴장을 늦춰서는 안 돼. 자신을 자주 돌아다보고 항상 자기관리를 철저히 해야 한다고. 하물며 한 나라를 대표하고 다스려야 하는 대통령인데. 난데없는 최순실은 또 뭐야. 그건 그렇고 앞날이 큰일이다. 마땅히 대타(代打)가 눈에 보이질 않으니 말이다.
그동안 일에 치어 좌우 돌아다볼 여유도 없이 그렇게 지내다가 사고를 당하고 황망(慌忙) 중에 살다 보니 세상이 어떻게 돌아가는지 때로는 TV를 보거나 신문을 넘길 때는 화도 내고 흥분도 하고 그러기는 했었지만 별로 관심을 둘 겨를이 없이 살아왔던 것 같았다.

허벅지 뼈 가운데 철심이 들어간 왼쪽 다리는 한 달 가까이 목발을 짚다가 목발 하나를 떼어내고 지팡이에 의존하다가 그마저 팽개치면서 여름이 가고 가을을 보낸 다음 한참을 절고 다녔다.

엎어지면 코 닿을 만큼 가까운 성당에도 한동안 차를 가지고 다녀야 했다.

그렇게 정신을 차릴 수 없이 갖가지 일들이 스쳐 가는 가운데 몇 번의 절기가 바뀌더니 또 한 해가 슬그머니 저물어가고 세월은 2018년을 갖다놓고 말았다.

전해에는 매출이 오랫동안의 침체에서 벗어나 제법 회사다운 면모를 나타내 준 덕분에 그동안 꽉 막히었던 숨통을 틀 수가 있었다. 다음 해에도 역시 같은 상태를 유지해준 덕분에 수지에서 전에 살던 공덕동으로 주거를 옮기고 무엇보다 몇 년간을 면목이 없어서 얼굴을 쳐다볼 수 없을 만큼 지불을 일 년치가량 미루어 오던 주 매입 거래처에게 체면치레(體面致禮)할 수 있었다.

어떻든 세월이 그렇게 흘러가면서 허벅지가 부러지는 사고를 겪고 식중독, 그리고 지독한 감기로 고생을 하고 왼쪽 귀가 돌발성 난청으로 멀어지고 하는 우여곡절을 겪는 호된 신고식을 거치면서 공덕동으로 이사하는 것으로 한 해를 마무리하고 또다시 다른 한해를 맞이했었다.

그리고 둘러보니 앞으로 몰아갈 일이 아직 좀 남았는데 내 나이 칠십하고 넷이었다.

"이대로 끝이 나면 아무것도 아닌데. 이제 거의 다 왔는데. 조금만 더 가면 그때 가서 내가 할 말이 있는데."

"그래야 그 언젠가 내책 없이 구름 한 점 무심히 흘러가는 파란 하늘을 노려보면서 가슴 깊이 다짐하며 간직했던 그 무거운 짐을 내려놓을 수가 있는데. 왜 이렇게 요즈음 들어 부쩍 내려앉는지 모르겠다."

그랬다.

소한 대한이 지났는데도 영하 십칠, 팔 도를 오르내리면서 엄청이나 춥더니 계절은 어쩔 수 없는지 정월이 가면서 기온은 영상으로 올라갈 채비를 하고 그렇게 또 한해 일이 시작되면서 나는 긴장의 끈을 조일 수밖에 없었다. 이제부터는 앞으로 먹을 것을 장만하기 위해서였다.

피할 수 없으니 팔자였다.

이월이 들어서면서 아흐렛날 평창에서 세계동계올림픽이 열렸다.

남쪽에서 동계올림픽을 한다는데 국제적으로 고립되어 숨통이 막혀오던 김정은이 이때다 싶었나 보다.

아이스하키 종목에다가 남북 단일팀을 만들어 보자고 운을 띄우더니 한 두어 종목 더해서 선수단을 보낸다, 백몇십 명의 응원단을 보낸다, 예술단 공연은 어떠냐! 하면서 수선을 떨어댔다. 곳이어서 북한 삼지연 관현악단 단장이라고 하는 현송월인가 뭔가 하는 여자와 그 일행 몇 명이 남쪽으로 내려와서 강릉을 비롯해서 서울 예술의전당까지 현장 방문을 하고 돌아갔다. 각 매스컴은 무슨 국제적인 대스타가 온 것처럼 호재를 만났다고 난리들을 쳐대고 정부 요인들까지 가세하여 많은 사람의 눈살을 찌푸리게 했었다. 그 후 김정은이 동생 김 무엇인가 하는 여자가 역시 일행 몇 명을 데리고 올림픽 개막일에 맞춰서 전용기를 타고 내려와서 문 대통령을 비롯한 여러 높은 양반들로부터 칙사 대접을 온몸으로 받은 후, 보무(步武)도 당당하게 고개를 약 십오도 정도 위로 쳐든 채 모두 같지도 않다는 듯한 표정을 지으면서 북으로 돌아갔다.

내가 보기엔 그렇게 당돌하고 본데없는 아이도 흔치 않겠더구먼. 난리도 그런 난리가 없었다.

올림픽은 구정에도 이어졌다.

"다시는 패키지여행인가 뭔가는 가지 말고 자유여행이나 느긋하게 다닙시다. 이제는 힘들어서 못 쫓아다니겠어."

"이제 안 가요. 정말 죽는 줄 알았어요."

삼월 초이튿날 아내와 패키지로 삼박사일 거의 기절을 할 정도로 고생하면서 일본 규슈에를 다녀왔었다. 그 패키지여행이라는 것을 처음 가보는 것은 아니었지만, 그때 여행은 우리가 아주 많이 늙어 버렸다는 것을 실감케 해주는 그런 여행이었었다.

그리고 집에 도착하자마자 얼마 되지는 않았지만 그래도 내가 사는 곳이라 시국(時局)이 궁금해서 티브이 뉴스(TV News)를 틀었다.

"별일이네! 또 무슨 일을 꾸미려고."

"살기가 너무 힘들어졌거나 그렇지 않으면 시간을 좀 벌어야 할 무슨 이유가 있는 거겠시!"

문 대통령은 북으로 특사를 보내고 김정은은 그들에게 칙사 대접을 하면서 '북의 체제(體制)가 보장된다면'을 단서로 달면서 핵을 포기할 수도 있다, 그리고 정상회담도 당장 하자, 또한 미국도 마찬가지다, 트럼프도 만날 용의가 있다. 하고 그네들 말본새로 해서 통 큰 제안을 했다는 것이었다.

　글쎄, 과연 그가 핵을 포기하고 경제로 돌아설까?

　그렇지 않으면 또 한바탕 놀아 제치고 아무 일도 없었다는 듯이 그냥 문을 닫고 들어가 버릴까.

　진실로, 진실로 전자(前者)라면 좋겠는데.

　우리 특사단은 돌아오면서 예상 밖에 큰 수확이 있었다, 이제는 미국을 설득할 차례다, 하면서 수선을 떨어댔었다.

　그렇게까지는 아닌 것 같은데….

　머물러 떠날 것 같지 않던 겨울이 우수 경칩에 밀려가면서 가지마다 하얀 솜들이 멍울지고 봄기운이 조금씩 밀려오기 시작했었다. 늘상 있는 일이지만 그런 것들이 모두 다 기적 같았다. 그래서 우리는 그런 기적 같은 일들이 우리에게도 일어나지 않을까 기대를 하면서 오늘을 보내고 또 내일을 기다리며 살아가는가 보다.

　그렇게 삼월이 가고 사월이 거의 지날 무렵 남북한 정상은 스무이렛날 판문점 남측 평화의 집에서 만나 이야기를 나누고 같이 식사도 하기로 했다. 각 언론사는 회담이 있기 며칠 전부터 거기에 초점을 맞추고 대충 넘어가도 될 만한 소소한 것까지 미주알고주알 이야깃거리를 만들어대느라 여념들이 없었다.

　어떻든 그렇게 해서 두 정상은 만나서 회담했고 점심도 같이 먹었다. 그리고 판문점 선언이 있었다.

　핵 없는 한반도, 적대적 관계에서 평화체제의 관계로, 남북 철도 연결 그리고 도로연결 등. 우리같이 복잡한 속내가 없는 사람이 보기에는 조금은 흥분마저 느껴질 만큼 파격적이었다.

　'진정 기적 같은 일이 이루어지는 걸까?'

　저녁 만찬은 밤늦게까지 이어지다가 밤 아홉 시가 넘어서야 김정은은 북측 관계자들과 함께 북으로 돌아갔다.

　역사의 한 장으로 이어질지 그렇지 않으면 도루묵이 될지 지켜볼 일이지만 사람들은 각자마다 의견이 분분했었다.

　어떻든 그렇게 해서 북한과 미국의 접촉이 이루어지고 상황이 급진전하면서 싱가포르에서 유월 십육일 북미 정상회담이 열리는 듯했다. 그러다 다시 취소되는 우여곡절을 겪으면서 김정은 위원장인가 하는 이가 무척 당황했던 것 같았다. 그러니까 부랴부랴 문재인 대통령을 판문점 북측 통일각으로 불러서 다시 마주 앉지 않았겠는가 말이다. 그래서 그런 건지 어떻든 얼마 후 유월 열이튿날 싱가포르에서 미국의 트럼프와 김정은이는 만나서 한반도의 완전한 비핵화 그리고 북한이 체제보장, 북미 관계개선 등을 합의하고 그 합의서를 서로 교환했다.

　그렇게 2018년에는 우리 한민족 미래의 사활이 걸려있는 북한의 핵을 비롯한 여러 가지 문제들이 남북미(南北美) 그리고 중국을 포함한 관련국들의 각자 이해관계 속에 한민족과 동아세아는 물론 전 세계의 이목이 쏠리고 있는 가운데 매우 숨 기쁘고 긴박하게 전개되어 나가고 있었다.

지난 두 해 동안은 커다란 거래처가 생겨서 고생스럽기는 했지만 그래도 매출이 늘어나서 순익이 있었다. 하지만, 그동안 쌓였던 쓰임새를 틀어막고 보니 다음 해도 춘궁기(春窮期)는 어김없이 찾아왔었다.

자기 일이 아닌데도 자기 일같이 매사를 깔끔하게 해치우는 사람이 있다. 그런 사람은 항상 넉넉함이 따른다. 그런 사람에게 자기 일이 제대로 주어지는 기회가 오기만 하면 그는 드디어 무엇인가를 만들어내고 만다. 그런 사람을 만나야 한다. 그래서 그런 사람에게 내가 지금 하고 있는 일을 맡기고 나는 조금 뒤에 물러섰으면 좋겠다.

그럴 수 있도록 분위기를 만들어놓아야 하는데. 그래서 나름대로 열심히 하기는 하는데 마음대로 되지 않는다. 그리고 남아있는 시간이 그렇게 많지가 않은 것 같아 날이 갈수록 당황스럽기만 하다.

하지만 칠십이 훨씬 넘은 내가 아직도 꿈을 꾼다. 꿈이 없는 삶은 삶이 아니니까.

그런 가운데 그해에도 우리는 가격을 대폭 낮추면서까지 타사와 경쟁을 한 결과 전년과 다름없이 그 일을 계속해서 해나갈 수가 있었다.

"꼭 해야 해요?"
"딱! 올해만 하고 이제 안 할 거야. 정말 조심해서 잘할게. 이제 이력이 생겨서 전번보다는 아주 쉬울 거야. 너무 걱정하지 말아요."

"어떻게 걱정을 안 해요. 당신 나이가 몇인데."

"정말 무리하지 않고 조심해서 잘할게."

다음 해가 되면 또다시 하게 될지 모르겠지만, 우선은 그렇게 아내를 다독이지 않을 수가 없었다.

그 해에도 냉각탑이 있는 각 점포의 옥상 더위는 참으로 견디어 내기가 힘들었었다.

그리고 그런 가운데 전국 각지(各地)를 누비며 점포마다 냉각탑 약품을 투입해주는 일은 많이 힘들고 고달팠다.

거리에는 정치판에 끼어보겠다는 한량(閑良)들의 플래카드들이 즐비하게 나붙었고 각 시민의 귀를 때리는 확성기 소리가 어지럽게 난무하는 속에 지방 선거가 치러지고 있었다.

"아~ 이제 유월 분이 끝났다. 어떻게 됐어?"

나는 늦은 밤 유월의 마지막 납품을 끝내고 목욕탕에 들렀다가 집 현관문을 들어서면서 아내에게 물었었다.

"야당 완전 참패예요. 좀 너무하지 않아요? 그래도 이건 아닌 것 같은데."

"잘못했으면 진정한 반성이 있어야지. 그게 전혀 눈에 들어오지 않아. 그런데 또 한 번 해보라고 찍어주겠어? 사람들이 양심이 있어야지. 어떻든 이렇게 되면 아무리 석두(石頭)들이라도 정신들을 좀 차리게 되겠지. 하지만 제대로 된 야당이 실종됐다는 건 국가적으로 참 불행한 일이야. 한동안은 그냥 지켜보는 수밖에."

 칠월은 가는 곳마다 비가 따라다녔었다. 전년에 부러졌던 다리는 그런대로 쓸 만해졌는데 낡은 스포츠화 위로 약이 떨어지고 비에 젖은 채로 한 이틀을 정신없이 오르내리다 보니까 발등이 여기저기 벗겨져서 진물이 흘러 쓰리고 아팠다. 그래도 하루가 다하고 건물 옥상 너머 아파트 사이로 어둠이 내리깔릴 때쯤에는 그냥 얼얼하고 감각이 없어져서 그런대로 견딜 만했다. 그렇게 헐어버린 발이 공교롭게도 전년에 부러졌던 쪽의 발이었다. 며칠이 지나면서 좀 아물어지기는 했었지만 그래도 삼복(三伏) 더위 속에 지방의 도시들을 돌면서 쉴 새 없이 되풀이해야 하는 일들은 역시나 몹시 힘들고 고달팠다.
 중간이윤은 줄고, 해 달라는 요구는 늘고, 몸은 전년보다 쇠하고, 한여름 더위는 기상 관측 이래…, 해가면서 폭서와 가뭄까지 최악을 기록하고 있었다.
 이 나이에 내가 꼭 이래야 하나 싶기도 하고, 그래서 자주 우울하고 서글프기까지 했다. 지금처럼 하루가 다르게 쇠(衰)하여 가면 남은 날이 그렇게 많은 것이 아닌데. 그러면 어떻게 살아가야 하나. 지금도 그렇지만 즈음하여 생각이 떠나지를 않았다.
 그런 가운데 전력투구, 전년과 다름없이 회사 전원이 땀을 비오듯 흘리며 삼복의 불볕더위 속을 뛰고 또 뛰면서 그런대로 한여름의 고비를 대충 넘기고 막바지인 구월에 마지막 납품을 떠났다.

포항의 한곳에는 냉각탑이 건물 옥상의 옥탑 위에 있었다. 사다리를 타고 올라가서 동아줄로 20kg이 넘는 통을 끌어올려야 했다.

'죽을 뻔했다.'

틀림없이 내 목소리인데 옆에서 들려오는 듯했다.

플라스틱 통을 거의 다 들어 올렸을 때쯤 갑자기 낡은 동아줄이 끊어지고 말았다. 동시에 한쪽으로 몸이 기울면서 옥탑 밑 콘크리트 바닥으로 떨어지려고 할 때 다행히 옥탑에 박혀있는 사다리 윗부분을 손으로 잡을 수가 있었다. 생(生)과 사(死)가 결정되는 눈 깜작할 사이의 순간이었다.

'이렇게 죽을 수도 있구나. 이제 정말 대충 정리를 하자, 그리고 좀 쉬어야겠다.'

나는 한 동안을 옥탑 위에 주저앉아 초가을 하늘 위로 떠가는 구름 몇 조각을 망연자실(茫然自失) 바라보고 있었다.

이런저런 우여곡절을 겪으면서 한해 마지막 납품을 끝내고 지친 몸을 겨우 지탱하면서 현관문을 들어섰다.

"아~ 이제 끝났다. 참 이거 늙어서 할 일이 아니다."

"이제 제발 좀 그만해요. 당신 나이가 지금 몇 살인데…."

"알았어요! 그렇지 않아도 그만해야겠어. 아니 이제는 하고 싶어도 할 수가 없을 것 같아."

"올해에도 하지 말아아 했느네…."

"올해는 하지 않을 수가 없었어. 선택이 아니라 필수였다니까."

폭서(暴暑)도 절기(節氣) 앞에서는 어쩔 수가 없는가 보다.

그렇게 고되고 힘든 가운데 우리는 그런대로 무사히 한여름을 보내고 계절이 바뀌면서 아침저녁으로 제법 선선한 바람이 불어오고 이어서 추석을 맞이했었다.

그렇게 물불을 가리지 않고 죽을힘을 다하여 동분서주한 덕분에 다행히 회사는 정상 궤도에 들어설 수 있었다. 이제 어쩌면 우리는 희망을 품고 꿈도 꾸고 기획도 하고 그래서 더 높은 곳으로 도약도 할 수 있을지도 모른다.

9

문재인 대통령으로부터 당시 중앙지검장에서 검찰 총장으로 임명되었던 윤석열 씨가 법무부장관이었던 추미애 씨로부터 지금도 회자(膾炙)되고 있는 그 유명한 '법무부장관이 시키면 시키는 데로 할 것이지…….' '검찰총장은 법무부장관의 부하가 아닙니다' 하는 대답 한마디로 일확 유명해저 버린 다음, 인권 변호사 출신 전 경기도지사 이재명 씨와 사바를 잡고 승강이를 몇 일간 하더니 간만의차이로 2022년 3월 9일 대한민국 제20대 대통령에 당선이 됐었다.

그리고 잘 하는가 싶더니, 얼마 후. 총선을 앞두고 부산 엑스포 유치에 실패하는가 하면 기상이변으로 대파 사과등 농산물 가격 폭등으로 서민경제가 어려워지고, 대통령이 국민의 눈에 나는 악수(惡手)를 몇 번 두는기 싶더니 결구은 국회를 야당에게 다 내주어버리는 여소야대(與小野大)의 국면을 만들어 버리고 말았다.

그러나 국회를 손에 넣은 야당은 당장 국민들 살아가는 일에는 관심이 없는 듯했다. 사사건건 업어 쳤다 메쳤다 하면서 대여섯 건 기소가 되어있는 당 대표 이재명 씨를 구하기 위한 제 식구 감싸기에만 여념이 없었다.

허구헌 날 그놈의 특검, 특검 하면서 검찰 흉내를 낸다고 법석을 떨어대는가 하면 국정감사를 한다고 국회에다 국군 장군들을 그것도 해병대 장군을 불러놓고 앉았다 일어섰다를 시키더니 밖에 나가서 무엇을 잘못했는지 반성을 하 라고 까지 하는 일이 벌어지고 장군은 어깨에 별을 달고도 말 한마디 못하고 시키면 시키는 대로 하는 그런 나라가 되어 버리고 말았다.

'나 대한민국 해병대 장군입니다. 말을 가려서 하십시오.' 했으면 좋았을 것 같았는데.

에라이…….

국민들이 국민을 위해서 일하라고 뽑아준 의원님들은 세비를 비롯해서 각종 명분을 붙여가며 받아가는 경비들로 등 따습고 배부르니 다음 선거는 아직 멀었겠다. 민생이 문제가 아니고 우선 다음 공천을 따기 위해 무슨 수라도 써야했다.

내가 보기엔 간혹(間或) 같지도 않은 꾼들이 머리에 든 것은 없고 그냥 몸조심이나 하면서 높은 사람 눈치만 보다가, 메스컴 카메라가 나를 비춘다 싶으면 주먹을 흔들어대면서 소리를 질러댔다.

말이 되든 안 되든 우선 소리부터 지르고 보는 것 같았다.

민생은 안중에도 없는 듯했다. 가관(可觀)이었다.

그러다가 때가 되면 하지도 못할 약속이나 해 대면서 간이라도 내줄 듯이 허리를 굽혀가며 아양을 떨어대면 국민들은 또 사람은 둘째고 지역 따라 그리고 진보, 보수로 나뉘어서 생각 없이 붓 뚜껑을 눌러댈 터이니 우선 공천이 문제였다.

정부는 무리수를 두어 개혁을 한다고 의료계를 건드려 대더니 암 환자를 비롯해서 꼭 입원 치료를 해야 할 사람들도 전전긍긍 오갈 데가 없어 이리저리 헤매도 입원을 할 수가 없었다. 난리도 그런 난리가 없었다.

아무리 개혁이 중요하다 해도 다르건 몰라도 아픈 사람들을 더 힘들게는 하지 말아야 할 게 아니냐 말이다. 자기들만 안 아프면 되는 거야?

그런가 하면 안주인 역할만 착실히 하겠다던 여사께서는 점점 바깥양반을 닮아가고 있었다.

거기다 날씨는 '기상관측(氣象觀測) 이래, 가 왜 그렇게도 많은지 그야말로 기상관측 이래 가장 더운 한 해를 보내야 했고 국지(局地)적인 폭우에 시달려야 했다.

그놈의 '기상관측' 이래에 가장 더운 더위에 시달릴 대로 시달린 국민들은 국회가 매일 같이 쏟아 내는 특검, 탄핵, 책상 치고 소리 지르고 막말하는 국정감사, 그리고 용산 쪽에서의 거부권에 어지럼중이 나고 그래서 진저리를 쳐댔다. 기상관측 이래의 가장 더운 날씨는 배추 한 포기에 만 원을 하게 만들고 더불어 각종 생활 물가는 상상을 초월할 정도였다. 소상공인과 자영업자들은 각종 규제와 불경기에 가슴이 타들어가고 더불어 한 둘씩 거기에서 급여를 받아 먹고사는 종업원들마저 바늘방석이었다. 그렇게 추석이 지나고 시월이 왔는데도 날씨는 열대야(熱帶夜)가 이어졌다.

회사 일은 그동안 공장을 사고 꾸미느라 이리저리 돈을 좀 무리해서 쓰다 보니 몇 년 동안 누적이 되서 장단기카드 자금을 쓰면서 돌려막기를 하고 있었다.
"여보! 이제 우리 나이가 팔십이야. 얼마나 살까? 이 집, 공장 다 두고 갈래? 씁시다. 은행 융자를 좀 더 내서 쓰고 편하고 즐겁게 살다가 아니다 싶으면 그때 공장을 팔아서 융자 갚고, 그래도 우리가 남은 평생 쓸 만큼 여유가 있고 그리고 고스란히 이 집이 남아."
아내를 설득해서 실행에 옮기고 나니 정말 편하고 좋았다. 다행히 매출은 줄지 않고 조금씩 늘어갔다.
그렇다. 이제 살면 얼마나 살겠는가. 그래도 자력으로 운전하고 있을 때 여기저기 바람도 좀 쐬면서 즐겁게 지냈으면 좋겠는데. 나도 하루가 다르게 쇠하여 가고. 집사람이 여기저기 많이 아프다. 얼마 전까지만 해도 그 돈이라는 것이 좀 갖고 싶어 정신없이 일만 했는데 이제 좀 여유가 생기니까 몸이 따르지 않는다.
몰랐던 거다. 내일을 생각지 않고 그냥 오늘만 생각하며 살았던 거다. 조금만 여유를 가졌으면 다 알 수 있었을 것을 그냥 바쁘게 오늘만 생각하면서 살았던 거다.

왜 그랬을까. 미물(微物)이다.

자식들 모두 무탈하고 보물 같은 큰손녀는 그쪽 아이들이 모두 선망하는 한국예술종합학교에 들어가서 이제 졸업을 앞두고 있다. 역시 보물 같은 외손녀는 웬만한 사람들은 다 아는 이화여자대학교 미술대학에 들어가서 열심히 미술 공부를 하고 있으니 집사람만 건강하면 더 바랄 것이 없겠는데.

이가 아파서 이를 뽑았는데 계속해서 이가 아프다. 신경계통의 문제라고 한다. 그리고 목 관절에 디스크가 있어서 목은 물론 어깨를 타고 팔까지 아프다.

벌써 3년째다.

물론 다 가질 수야 없겠지만 그간의 힘들었던 세월을 생각해서 집사람 건강만은 돌려놓아 주었으면 좋겠다.

몇 년 전이었나 보다.

집사람이 족저근막염인가 뭔가로 발바닥이 몹시 아팠을 때였다. 그때도 지금처럼 난감하기 짝이 없어 여기저기 좋다는 데는 다 골라 다니다가 저 멀리 성수동까지 갔었다. 대기실에 앉아 집사람을 기다리고 있다가 무심코 진료실을 나오는 환자를 보게 되었다. 그리고

"아- 이런 개○○!"

나도 모르게 욕이 튀어나왔다. 그 환자는 손가락이 제각각 길고 짧고 얼굴은 삐뚤어지고, 기형이었다.

왜! 저 사람은 저런 모습으로 태어나 일생을 저런 모습으로 살다가 가야 하나. 너무 화가 났다.
아무 잘못도 없이 또 다른 저런 모습으로 태어나서 살아가는 사람들이 얼마나 많은가.

아내는 수년 전부터 지금까지 허리수술, 발바닥을 비롯한 자궁, 목 디스크, 치아에 이르기까지 오랫동안 아프면서 살아왔다.
착한 사람이다.
"제 집사람한테 왜 이러세요! 제가 잘못했으면 저한테 그러세요!"
아침 내내 아파하는 집사람을 대책 없이 쳐다보기만 하다가 차를 몰고 출근하면서 차 안에서 고래고래 소리를 지른 적이 있었다.
'있는 거야? 없는 거야?'
그랬었다. 그리고 지금도 잘 모르겠다. 그래서 답답하다.

그러다가 머리, 목, 치아가 너무 아파서 집 가까이 신촌에 있는 병원에를 가서 주사 치료를 하고 약을 먹었지만, 통증은 멎지를 않았다
2024년 11월 5일 미국대통령 선거가 있었다.
그리고 도널드 트럼프가 미국 제47대 대통령에 당선됐다.
우리로서는 좀 안 좋은 선택이 이루어졌지만 뭐 어쩌겠는가. 중요한 건 그날도 집사람은 목 디스크로 무척이나 고통스러운 날

을 보내야 했다는 거다.

서울대치과에서 목 디스크 진찰을 한 결과 의사는 결국 치아 통증이 목 디스크에서 온다는 결론을 내렸다.
"치아가 아픈 것이 목 디스크 때문이다?"
우리는 신촌에 있는 병원에 매달려 보기로 했다.
그리고 병원에서 두 번째 주사 치료를 받고 약을 먹고 했더니. 한숨을 돌릴 수가 있었다.
그날도 우리는 신촌에 있는 병원에서 목에 주사를 맞고 약을 처방받은 후 집으로 오고 있었다.
"어때! 괜찮아?"
"좀 괜찮은 것 같아요."
"그동안 고생을 너무 많이 했어. 이번에 제발 끝을 좀 봐야 하는데."
"여보! 집에 빨리 가서 TV나 봅시다."
아내는 좀 살 만한 모양이었다.
거대 야당의 대표 이재명 씨의 "선거법 위반" 1심 선고가 있는 날이었다.
법원 앞에 도착해서 당 관계자들과 웃음 띠운 얼굴로 악수도 하고 아주 여유로운 표정으로 법정 안으로 들어가더니 재판에서 '징역 1년 집행유예 2년'의 형을 받고 나와서는 된장찌개 먹다가 멸치 대가리 씹은 얼굴로 법원 앞에서 무이라고 그늘만의 고집스러운 말 몇 마디를 하고는 사라져 갔다. 하지만 중요한 것은 여러 가지 약을 다 써 봐도 안 들던 집사람의 목 디스크 그리고 치아의 통증이 그날 병원에서 두 번째 주사를 맞고 약을 좀 먹으니 좀 살 만해졌다는 거다.

"그러나저러나 이제부터 또 세상이 어수선해지겠다."

"전쟁이 난다던데"

"에이 그렇게까지는 아니지."

"그럴까요?"

"그럼! 이제 우리 군사력도 만만치 않아 걔네들 군사 장비 가지고는 게임이 안 돼. 그리고 가끔 사진에서 보는 북한군 애들 보면 그거 어디 총 들고 싸우기나 하겠데?"

우리는 점심을 먹고 오랜만에 편안한 마음으로 가을 햇살을 받으며 산책을 할 수 있었다.

십일월 첫눈이 기상관측 이래 가장 많이 내렸다고 한다. 금년은 기상관측 이래가 유난히도 많은 한해로 기록될 것 같다.

여소야대 정국은 끊임없이 세상을 혼란스럽게 하고 더불어 "기상관측 이래"는 사람들을 몹시도 힘들게 했다.

뿐만 아니라 세상 돌아가는 일들이 즈음해서 의문투성이다.

이스라엘과 주변국들은 왜 저렇게 많은 사람을 죽이고 죽으면서 끊임없이 싸우고 푸틴은 왜 쓸데없이 이웃나라 우크라이나를 건드려서 벌써 몇 년째 생지옥 같은 전쟁을 계속하고 있는 걸까.

나라는 장기불황의 늪으로 빠져 제로 성장으로 가고 있는데. 민주당은 왜 이재명 한 사람을 보호하기 위하여 끊임없이 여소야대를 무기로 염장을 질러대고, 국민의힘은 왜 저렇게 정신을 잃고 드러누워만 있는 걸까. 그리고 미국은 트럼프 같이 막가는 사람을 대통령으로 뽑아서 어쩌자는 걸까. 무역 장벽을 높이고 불법이민자들을 쫓아내고, 그러면 쫓겨난 그들은 어쩌라는 걸까. 그런가 하면 돈도 별로 없는 나라들을 많이 있다고 생떼를 쓰면서 내놓으라고 윽박지르고, 죄를 저 놓고 모른다고 딴청을 하고. 온 세계가 믿었던 미국이 점점 멀어져 가고 세상 사람들은 의지할 곳이 없어진 것 같아 허전해 했다.

혼란스럽기가 몇십 년을 멋대로 자라버린 넝쿨 같았다.

신부님도, 스님도 희망자가 없어 외국에서 들어와야 할 지경이라고 한다. 세상이 온통 그랬다.

2024년 12월 3일 밤 열시에 난데없이 윤석열 대통령이 국가비상계엄령을 발표했다.

하지만 계엄령은 발표 여섯 시간 만인 새벽 4시에 취소됨으로서 결국 실패한 사건으로 끝나버리고 말았다.

"난, 뭐 굉장한 계획이라도 세우고 시작하는 줄 알았지."

"뭐 이래, 아무것도 아니지 않아요?"

"아무것도 아닌 게 아니야. 이제 난리 났다."

"……."

"후폭풍이 만만치 않을 거야. 우선 민주당에서 대통령 탄핵을 들고 나올 거고. 일은 거기서 끝나지 않을걸. 그 양반 꼭 결정적일 때 악수(惡手)를 두는구먼. 지난번 총선 때도 그러더니."

민주당 국회의원들은 윤 대통령을 내란죄로 검찰에 고발하고 장관들을 하나씩 불러서 막 몰아세웠다. 내가 군에 있을 때에는 시선을 두기조차 어려웠던 군 장성들도 줄줄이 의원들에 의해 불려 나와 어깨에 별 몇 개씩을 달고 정렬을 해서 앉아있는 모습들이 몹시도 안쓰러웠다.

국회의원들은 그들을 마치 아이 다루듯 하는 것 같았다.

어떻든 나라는 온통 특검, 탄핵, 내란죄, 구속 등의 구호들이 난무하면서 사람들은 피곤하고 국가적으로는 고달프고 힘든 세월이 흘러가고 있었다. 가장 중요한 민생(民生) 문제에는 안중에도 없던 국회가 마치 물고기가 물을 만난 듯 그때는 몹시도 바쁘게 돌아가고 있었다.

그래서 결국은 여당의 고집스러운 몇몇 친 한동훈파 의원들이 동조함으로서 윤석열 대통령은 다수(多數)당인 민주당이 바라던 대로 헌정사 세 번째로 국회에 의해 대통령직에서 탄핵되고 헌법재판소에서 재판을 받아야 하는 웃지 못할 코미디 같은 일이 벌어지고 말았다. 그리고 국민의힘 최고위원 대부분이 사퇴함으로서 한동훈 대표는 낙동강 오리알로 전락했다. 도대체 이해가 가지 않는다. 왜 대통령은 되지도 않을 계엄을 선포함으로서 자중지란(自中之亂)을 자초하고, 중지(衆智)를 모아서 당을 슬기롭게 운영해야 할 당대표는 왜 우왕좌왕하면서 스스로 땅을 파고 들어가는 걸까. 그 똑똑한 사람이.

많이 배우고 많이 노력을 해서 사회적으로 성공을 하고 그래서 소위 엘리트라는 부류에 속해있는 사람들도, 자기도취(自己陶醉)에 빠지면 시쳇말로 초딩 수준을 넘지 못하는 모양이다.

그렇게 세상은 단 몇 사람으로 인하여 혼돈의 상태에서 허우적거리고 있었다.

윤석열, 이재명, 한동훈 등등 과연 그들은 누구인가. 그리고 우리의 수준은 어디까지 와 있는 걸까. 왜 이렇게 평온하지 못한 것일까.

그런 가운데 세상은 여전히 특검, 대통령 탄핵에다가 거대 야당 말을 듣지 않는다고 또 대통령권한대행 총리도 탄핵. 그리고 그다음 권한대행을 맡는 부총리도 여전히 말을 안 들으면 또 탄핵한다고 한다. 각 군(軍) 주요부대(主要部隊)에 사령관들은 계엄에 연루되어 별들을 달고 줄줄이 수갑을 차는가 하면 즈음하여 무속인들이 심심치 않게 매스컴을 들락거리고 있었다.

경제는 앞이 보이지 않고 정치는 실종되고 북한과 휴전선을 마주하고 있는 우리의 군은 믿을 만한지 걱정이 앞서고 세상이 온통 그랬다. 단 몇 사람에 의해서 한 나라가 이렇게 철저히 망가질 수도 있구나 싶기도 하고.

세상이 온통 국정농단, 내란죄, 탄핵, 구속 등으로 우울한 가운데 한해가 끝나가나 싶더니 마지막 이틀을 남겨놓은 12월 29일 전남 무안에서는 제주항공 국제선 여객기의 불시착으로 179명의 목숨을 앗아갔다.

세상이 그렇게 어지럽게 돌아가는 와중에도 세월은 여전히 흘러 동지(冬至)를 지나 겨울 깊숙한 곳으로 들어서면서 한 해를 보내고 또 새로운 한 해를 맞이하고 있었다.

공수처와 경찰에서는 대통령을 잡아가겠다고 대통령실 경호처 관계자들과 새해 벽두부터 몇 날 며칠을 대치하다가 영장 기한이 지나자 재 영장을 발부받아서 경찰 특공대를 투입하겠다느니 장갑차를 동원해야 한다느니 하면서 야당에 떠밀려 법석을 떨고 대통령실은 대통령실대로 가시철망을 차떼기로 실어 나르고 어떻게 보면 만화 같기도 하고 코미디 영화 같기도 하고, 정말 이게 나라가 맞기는 한가 싶었다. 그렇게 난리법석을 치더니 결국 국내는 물론 세계 각국의 매스컴이 생중계를 하는 가운데 대통령이 초췌한 모습으로 새해가 시작하는 2025년 정월 열 닷샛날 문재인 대통령시절 민주당에 의해 만들어진 고위공직자수사처에 의해 헌정사상 최초 현직대통령이 수사관에 의해 체포되어 가는 모습을 국민들이 지켜볼 수밖에 없는 기막힌 일이 벌어지고 말았다.

43일 전 연설에서 현실에 대한 답답한 마음을 토로한 것 까지는 좋았는데 어쩌자고 계엄을 선포한 것인지에 대하여서는 이해가 되지 않았다.

도대체 무슨 생각으로 그랬는지 제법 살 만큼 살았나는 나로서도 납득이 가지 않았다.

그런데.

나라가 이 지경인데 아무리 훑어봐도 나라를 이끌어 갈 사람은 보이질 않았다.

"없나? 그렇게도 사람이 없나?"

"몇천만 명이 모여 사는 명색이 나라인데 이건 좀 그렇다. 그래도 한동훈이는 뭘 좀 할 줄 알았는데 어떻게 된 거야."

"글쎄 말이야! 박정희 대통령이 그립구먼. '너희들이 고기 기름을 알아?' 허- 허……"

그랬었다.

어머니 심부름으로 푸줏간에 고기를 사러 갈 데에는 늘 어머니께서 그러셨다. '기름 좀 많이 달라고 해라.'

그때는 사람들 머리에 기계충, 얼굴에는 버짐이 생겨서 이름도 알 수 없는 하얀 연고를 바르고 다니기도 했었다.

그게 다 먹지를 못하고 그래서 지방질이 모자라 그렇다고 생각했던 모양이었다. 정말 그런 건지 아닌지.

아무튼 그때는 그렇게 가뭄에 콩 나듯 어렵사리 산 고기 한 덩어리와 기름 한 덩어리를 같이 넣고 장국을 끓여 여러 식구가 둘러앉아 맛있게 먹었었다.

그걸 모두 박정희 대통령이 해결할 수 있었다는 건 아니다.

하지만 투철한 사명감으로 기라성 같았던 몇몇 사업가들을 거느리다시피 하고 그 지긋지긋했던 가난을 떨쳐버릴 수 있는 기초를 닦아 놓았다는 사실을 우리는 부인해서는 안 된다는 말이다.

누구든지 열심히 일하면 배불리 먹을 수가 있어서 좋았다. 하려고 들면 일자리는 어디에나 있었다. 토요일 일요일도 일이 있으면 다투어서 했었다. 그래도 일굴에 버짐이 사라지고 배불리 먹을 수 있어서 행복했었다. 그렇다고 지금 젊은이들도 그렇게 살라는 것은 아니다. 또 그럴 필요도 없다. 하도 세상이 어수선하고 경제 또한 생각지도 못했던 먹구름이 몰려오니 혹 노파심에 그냥 그런 시절이 얼마 전에 있었다는 것을 잊지 말고 가끔은 되새겼으면 해서 하는 말이다.

  회사재정이 그런 대로 무난히 바닥을 찍고 새해에는 서서히 흑자로 돌아설 것 같은 예감 속에 마음이 편했다.
  무엇보다도 집사람 건강이 조금씩 호전되어 가는 것 같아 좋았다. 그래도 얼마 전 사월 초에는 양양 대명콘도에를 가서 이틀 밤을 자고 오색 그린야드에 들렀다가 집으로 오는 여행을 좋은 기분으로 했으니 그래 그렇게 살면 됐지 뭐.
  회사는 전년에 집사람이 결정을 잘 내려준 덕분에 커다란 고민 없이 두 해 춘궁기를 마음 편히 잘 보낼 수 있었다.
  이렇게 회사로 오가면서 이리 막고 저리 둘러치면서 그럭저럭 회사를 끌어나갈 수 있는 날도 그렇게 많이 남은 것 같지 않은데 과연 그 얼마 후에는 늘 내가 생각했던 것처럼 회사 스스로가 굴러갈 수 있는 그만한 자생력(自生力)을 가질 수 있을까.
  그랬으면 좋겠다. 그래서 회사 대부분을 물려놓고 마음 편하게 좀 여유롭게 쉬고 싶다.
  그때가 회사 창립 30주년쯤이었으면 좋겠다.
  그래야 하는데 그래야만 내가 하고 싶었던 말 몇 마디를 하고 갈 수 있는데.

계절은 우수 경칩을 지나 음지라서 녹지 못했던 오색 주전골 골짜기에 잔설이 자취를 감추고, 그 모진 추위와 폭설을 견디고 살아남은 나뭇가지에 꽃들이 피고 있었다. 모란이 피고 개나리 진달래가 피고 그렇게 오만가지 꽃들이 흐드러지게 피면서 금세 가버리고 말을 봄이 성큼 다가오고 있었다.

이재명 더불어민주당 당대표는 선거법위반 2심에서 1심을 뒤엎고 무죄가 확정되어 당분간은 운신의 폭이 넓어져 언제 무슨 일이 있었냐는 듯 동분서주하고 있었다.

권력 있는 사람들 그리고 재력 있는 사람들에게 적용하는 법 따로 있고 이도저도 없는 사람들에게 들이대는 법이 따로 인 것 같아 속상하고 화가 났다. 그런데 어째서 같은 사건을 가지고 같은 법조문에 의해서 재판이라는 것을 하는데 어떤 판사는 실형이고 어떤 판사는 무죄라니 이건 또 무엇인가. 그러니 그 틈바구니에서 이도 저도 없는 서민 중에 얼마나 많은 사람이 억울하게 희생되고 있겠는가 말이다. 권력이든 재물이든 있고 봐야 한다.

그런데 그게 맘대로 되냐 말이다.

그래도 우리가 고작 하나 남은 권리를 행사할 때가 되면 많은 사람은 너희 편 우리 편 하면서 사람 가리지 않고 지연(地緣) 따라 그리고 보수니, 진보니 하면서 아무 생각 없이 찍어대고는 한다. 그리고 나서 후회하고, 기회가 오면 또 마찬가지다.

에라-이…….

내가 보기에는 밤낮을 가리지 않고 한대 뭉쳐서 머리를 짜내고 일을 해도 모자랄 너무나도 힘든 국가적 비상 상황인데, 즈음하여 서울 여의도나 광화문에를 나가보면 나라가 온통 둘로 갈라져서 치고받고 난리도 그런 난리가 없었다. 울화가 치밀어 올라 주저앉고 싶은 심정이었다.

금년 경제 예상 지수가 아주 비관적이라 했다. 정치가 이 모양인 데다가 세계 최대 강대국이라는 그래서 세계 경제를 쥐락펴락하는 미국이라는 나라에 대통령이 전 세계를 향해서 미국 우선주의를 부르짖으며 "관세"라는 것을 무기화하여 마구 쏘아대고 있었다.

그 틈바구니 속에서 지금 대기업은 물론 특히 중소기업이 난리법석이다.

내가 경영하고 있는 회사인들 무사하겠는가. 뚜드러 가면서 이십몇 년을 똘똘한 거래처를 가려가면서 조심스럽게 운영해왔는데 지난해에는 처음으로 마음을 졸였었다.

이번에는 역대(歷代) 최대의 산불이 전국에서 동시다발로 일어나 거의 서울 크기의 국토를 잿더미로 만들어 버리면서 많은 인명을 앗아가고 재산 피해 또한 파악하는데 만도 많은 시간이 걸린다고 한다. 신문마다, TV 방송국마다 온통 시뻘긴 불길로 도배를 하고 있다.

"기상관측 이래"가 우리를 한동안 몹시도 힘들게 하더니 이제 "역대급"으로 넘어가면서 더욱 고통스럽게 하고 있다.

그렇게 흘러가는 세월에 묻혀 대통령이 구속되고 몇 번씩 구치소에서 헌법재판소를 오가며 계엄을 선포할 수밖에 없었음을 설득하고 또 설득하였지만 결국은 법을 비켜 갈수는 없었다.

"대통령 윤석열을 파면한다."

"제대로 된 건가? 그런 거 같기도 하고 아닌 거 같기도 하고."
"글쎄- 문형배 판사가 읽어 내려가는 판결문을 보니까 내가 보기에는 뭐 트집 잡을 게 없을 만큼 제대로 판결이 된 것 같기도 하던데. 어떻든 판결이 났으니까 앞으로 두 달 안에 새 대통령을 선출해야 되는데 초등학교 반장 뽑는 것도 아니고."
"어쩌다 나라가 이렇게 됐어요? 좌우지간 빨리 결말이 나서 좀 안정이라도 됐으면 좋겠건만. 나라 경제도 그렇고 이거 어디 불안해서 살겠어요? 당신이 하는 일도 걱정이고."
"내가 하는 일은 너무 걱정할 것 없어 우리가 거래하는 제일 큰 업체의 신용도가 하락하는 바람에 은행 할인이 안 돼서 좀 힘은 들겠지만 그런 대로 잘 넘어갈 것 같아."
"어떻든 잘 넘어가야 할 텐데, 세상이 하도 어수선하니까. 민일정 힘들면 이야기해요 혼자 고민하지 말고."
회사 일은 다행히 여름 성수기를 맞이하여 그런대로 예년과 다름없이 바쁘게 돌아가기 시작하고 있었다.
"욕심 같았으면 작년보다 매출이 조금만 올랐으면 좋겠는데……."
"딩신 나이가 몇인데, 제발 그 욕심 좀 부리지 말아요."

아내가 걱정스러운 표정으로 쳐다봤다.

어떻든 윤석열 씨가 파면되고 이어서 육십일 간의 차기(次期) 대통령을 뽑아야 하는 선거 기간으로 이어졌다. 육십 일간의 짧은 시간에 민주당은 일찌감치 이재명 씨로 결판이 났고 국민의 힘에서는 열 명 가까이 엎치락뒤치락 하던 끝에 결국은 김문수 씨가 낙점되는가 싶더니 그동안 대통령 대행을 맡았다가 그것마저 민주당에 의해 탄핵이 되더니 또 어떻게 기사회생하여 다시 대행을 좀 하던 국무총리 한덕수 씨가 슬그머니 욕심을 좀 내면서 그 또한 순탄하지 못했다.

결국에는 이재명 씨와 김문수 씨가 기호 1, 2번을 달고 치열하게 다투는 형국이 되면서 21대 대통령 선거가 본격적으로 시작되고 있었다.

내일 일을 누군들 알 수 있겠는가. 이재명 씨야 그렇다 치고 몇 년 전까지만 해도 누군지 알 수도 없었던 윤석열 씨가 대통령이 되는가 하면 그 또한 난데없는 계엄령을 발표하면서 탄핵까지 되지 않았는가 말이다.

옛날로 거슬러 올라가면 군부시대에 민주투사로 이름을 날리고 정계로 진출하면서 몇 번의 국회의원 그리고 경기 도지사를 지내다가 슬그머니 사라지는가 했던 김문수 씨가, 윤 대통령 계엄에 책임을 지고 국무위원(國務委員) 모두 일어나 사과의 인사를 하라는 민주당 의원들의 성화에 못 이겨 모두 일어나 고개를 숙이는데 혼자 일어나지도 않고 꼿꼿이 앉아있던 당시 노동부 장관이었던 김문수 씨가 여당 대통령 주자가 돼서 매스컴 전면을 장식하고 있었다.

하지만 국민의힘이 좌충우돌 하던 지난 얼마간의 세월은 민주당을 한참이나 앞서게 만들었고 그것을 따라잡기에는 국민의힘이 너무나 뒤떨어져 있었다. 국회의원을 세 번이나 하고 경기도지사를 두 번씩이나 한 후에 세간(世間)에서 잠시 떨어져 지내던 김문수씨가 난데없이 대통령 후보가 되어 그들을 따라잡기에는 거의 불가능에 가까웠다.

세월이 가면서 점점 빨라지는 변화의 물결 속을 정말 내일을 알 수 없는 세상을 우리는 살아가고 있다.
하지만 그날그날 최선을 다해서 좌고우면(左顧右眄)하지 않고 끝없이 생각하고 꽃을 피우고 열매를 맺으면서 열심히 살아야 한다. 그러다 보면 슬그머니 기회(機會)라는 것이 온다. 그것이 무엇이 되었든 간에 그동안 최선을 다해서 생각하고 꽃을 피우고 열매를 맺으면서 축적해 왔던 그 힘과 실력은 바로 그때를 위한 것이어야 한다.

그러나 상대를 따라잡기에는 한동안 세간에서 잊혔저 있던 그에게는 너무나 역부족이었다. 2025년 6월 3일 결국 간만의 차이로 따라잡지 못하고 이재명 씨에게 패하고 말았다.

"대한민국 제21대 대통령 이재명"

이제 민주당은 거의 대한민국 3권의 권력을 쥐게 되었다.
나락으로 아주 떨어져 버리느냐 높은 곳으로 도약하느냐는 오직 그에게 달려 있는 듯하다.
"제2의 박정희가 나오기를 기대해본다."
그런데….

이달 말경에는 집사람과 양양 대명콘도에 들렸다가 오색 그린야드호텔에나 다녀와야겠다.

10

인생을 살다 보면,

때로는 좋을 때도 있지만 때로는 죽을 만큼 힘들고 아프고 고달프기도 하다. 그래서 이 힘들고 고달픈 세상을 이겨나가기 위해 우리는 끝없이 자신을 닦달하고 때로는 가혹하리만큼 자신에게 채찍질하면서 업그레이드한다.

하지만 세상은 내가 노력하는 만큼 그렇게 무언가를 내놓아주지 않는다. 그래서 우리는 좌절도 하고 때로는 극단적인 선택을 생각하기도 하지만, 그건 아니다.

왜냐하면, 다행히도 우리가 살아가고 있는 이 세상이 예측(豫測)을 불허(不許)하기 때문이다.

인생이란 참으로 오묘(奧妙)한 것이다. 삶의 결정적인 순간은 우리가 노력한다고 노력한 만큼 우리 마음대로 되지가 않는다. 그것을 운명이라고 한다.

좋은 삶을 살아가기 위해서는 각자 능력만큼 노력하면서 기다리고 또 기다려야 한다. 깨어서 기다리다 보면 행운은 우리가 예측하지 못했던 순간에 다가와서 손을 내민다. 그것이 인생이다.

하지만 진정으로 행복한 사람은 없다.

재벌은 못 돼도 제법 돈 있다는 소리를 들으면서 꿈같은 젊은 날을 살아왔지만, 세월이 지나고 몸, 그리고 마음마저도 시들어 가면서 가진 재산이 세월의 흐름 속에 전같이 제구실을 못 하게 되니 이리저리 가족 눈치를 보면서 지내는 이가 있는가 하면, 또 어떤 이는 전화벨 소리가 들리면 문자판에 자식들의 번호가 뜰까 봐 전전긍긍하기도 한다. 또 어떤 이는 호주머니를 뒤적거리다가 허전하면 슬금슬금 아내의 눈치를 보는가 하면 어떤 이는 평생 죽을힘을 다해서 먹을 것도 제대로 먹지 못해 가면서 애써 모아 놓은 재물을 잔뜩 끌어안고 혹시나 부를지도 모를 하늘을 노려보며 불안해하기도 한다. 어떤 이는 사랑하던 이를 앞세우면서 통곡을 하고 또 어떤 이는 허구한 날 견원지간(犬猿之間)같이 지내왔던 이를 앞세우고 후련해하기도 하지만 그래도 매일같이 찾아오는 어둠 속에 홀로 있는 공간은 그를 진정 슬프고, 외롭고, 힘들게 하니 결국 세상에 진정으로 행복한 사람은 없는 것 같다.

결국 둘 중 하나는 혼자가 된다. 오면 맞이하고, 가면 배웅하고, 잊어버리고, 그렇게 홀로서기를 해야 한다. 그래야 결국 덜 외롭고 덜 쓸쓸하다. 집착하면 할수록 더 힘들기만 할 뿐이다.

그럭저럭 끝이 다가오는 지금에도 나는 가끔 숨이 막힌다. 그간 살아오면서 차마 말로 할 수 없는 내 삶의 흔적들이 드문드문 되살아나 나를 쳐다보고는 하기 때문이다. 아마 내 마지막 그날까지 그 흔적들은 그리 쉽게 지워지지 않을 것 같다.

세월이 지나 뒤돌아보니 한바탕 장난질을 쳤다.
딱지를 접어 시간 가는 줄도 모르게 딱지치기를 했고 땅에 쭈그리고 앉아 정신없이 땅따먹기도 했었다. 그렇게 해서 잔뜩 따 놓은 땅은 결국 발로 모두 뭉개 버리고, 한 움큼 손에 움켜쥔 딱지는 집으로 가서 아궁이 속으로 던져 버려야 하지 않겠는가.
결국, 아무것도 가져갈 수 없는 삶을 우리는 왜 애써 그렇게까지 힘들어해 가면서 살아왔을까. 별것 아닌데 괜히 쓸데없는 욕심을 부리면서, 고생을 자초하면서 말이다.
하긴 훗날에 자신만이 자신의 분신들이라고 생각하며 살아온 존재들이 한순간만이라도 톡톡히 그 덕을 보면서 살아갈 수는 있겠다.

사의든 타의든 간에 많은 우여곡절을 겪으면서 한평생을 살아왔다. 그래도 지금 내 주위를 둘러보면 그런대로 썩 불만스럽지 않다. 왜냐하면, 지난 내 삶이 후회스럽다든가, 그렇지 않으면 딱히 누구를 지정해서 부럽다든가 그렇지가 않으니 말이다.
친외가에서 애지중지 어린 시절을 보냈고 운 좋게 그런대로 괜찮은 중·고등학교 그리고 대학을 졸업할 수 있었다. 대학 2학년을 마치고 공군에 입대해서 병역의 의무를 필한 후 다시 복학해서 무엇이 그렇게 급했는지 졸업도 하지 않고 학업 중에 전구 만드는 사업에 뛰어들었다. 그 계통에서 일하던 몇몇 어설픈 기술자들을 데리고 부친으로부터 떠맡다시피 시작했던 사업은 기술 부족으로 계속 불량률이 높았고 거래처 확보에도 어려움이 많았다. 얼마 후 결국 사업은 어린아이 장난처럼 허무하게 끝나버리고 말았다. 우여곡절 끝에 대학을 졸업하면서 앞서 잠깐 언급한 전자회사에 취직, 처남과의 청계천 상가로의 진입, 무역회사 창업, 바퀴 제조업, 그리고 부도를 겪으면서 보일러 회사 공장장, 물류 장비 설비회사 부사장 그리고 IMF, 호스 릴 제조 회사의 고문, 핸드 카 장사를 전전하다가 좋은 동생을 만나 수 처리 사업을 창업하면서 지금에까지 오게 되었다.

돌이켜 보면 참으로 길고도 길었던 삶의 여정(旅程)이었다.

그렇게 살아오는 동안 그만 살고 싶을 만큼 힘든 세월을 살아도 보았다. 그래서 조용하게 맞이하는 일상이 진정 평화라는 것을 알 수 있었고, 살아가기 위해 죽을힘을 다해 발버둥을 치기도 해 보았기에 그런 다음 찾아오는 편안함이 바로 행복이라고 하는 값진 삶의 선물이라는 것도 스스로 터득할 수 있었다.

만일 내가 부유한 가정에 태어나서 아쉬운 것 없이 유년의 시절을 보내고 그 후 지금까지 누구의 보살핌 속에 많은 부와 더불어 풍요로움 속에서만 살아왔다면, 지금의 나보다 더 행복할 수 있었을까? 만일 내가 그랬다면 아마 지금쯤 나는 행복이 무엇인지도 모른 채 천방지축 이 사람 저 사람 가리지 못하고 갑질이나 하면서 몸살을 앓고 있을지도 모를 일이다.

어느 날인가 집사람이 잠자리에 누워 나를 한동안 물끄러미 쳐다보다가 말을 했었다.
"당신 머리에 염색 좀 하지 그래요. 그러면 한결 젊어 보일 텐데."
"왜 내가 젊어 보였으면 좋겠어?"
"아니 그냥 ….."
"난 그냥 이대로가 좋아. 젊어 보인다고 뭐 달라질 게 있어? 발버둥 치면 칠수록 오히려 자신만 초라해져."
흘러가는 세월이 별스럽지 않아 별로 미련도 없으니 그냥 나 그대로가 좋았다. 별로 빗겨 가고 싶지도 않은 세월을 거슬러 꾸민다고 그게 무슨 의미가 있겠는가 싶기도 했고.

돌이켜보면 철없던 젊은 시절 아무 준비도 없이 세상이 무언지도 모른 채 무모하게 덤벼들며 살아가다가 호된 값을 치렀다. 다가오니 얼떨결에 치루기는 했지만, 너무나도 무서웠다. 지금은 좀 나아졌지만 제법 오랜 세월 동안은 며칠 만에 한 번 정도는 악몽을 꾸면서 살았으니 말이다. 그래서 지난 몇십 년을 죽을 만큼 열심히 일하면서 살았다. 그리고 지금에 이르렀다.

하지만 뒤에서 받혀준 동생들 그리고 제 몫을 다해준 내 아이들이 없었다면 가능할 수 없었던 일들이었다.

평생을 같이해준 내 아내에 대해서는 이런 글 정도로는 표현할

길이 없어 생략한다.

  이제 팔십 대에 들어섰으니 대충 살 만큼은 살았다. 하늘이 허락해 주신다면 이제 대충 마무리하고 얼마간 그냥 그렇게 쉬다가 어느 날, 어느 한적한 곳에서 화창한 어느 가을날 앙상한 나뭇가지 사이로 파이란 하늘을 바라보며 미소 한 번 짓고 그냥 그렇게 마치고 싶다.

  그런데 막상 털어버리려 하니 발밑에 무언가가 걸린다.

  이리저리 얽혀 있는 그것에서 벗어나 훨훨, 그렇게 홀가분하게 살다가 가고 싶은데 막무가내로 발목을 잡는다.

  우리 모두가 망쳐 놓은 환경 탓에 봄가을이 없어지고 폭서를 지나 혹한의 겨울을 지냈지만, 그도 절기를 따라 물러가고 어느덧 오색의 주전골 골짜기에는 눈 녹은 자리에 아지랑이가 피어나면서 계절은 그나마 조금 남아있는 봄 속으로 조금씩 흘러들어가더니 어느새 여름 한가운데 와 있는 듯하다.

  언젠가 필연코 닥쳐올 내 마지막이 내 아이들이 보기에 추한 모습이 아니기를 간절히 소망하면서 이제『어느 한 늙은 사내의 이야기』를 마쳐야겠다.

2025년 한여름을 향해가며